“想得到某样东西，首先要让你配得上它”，
我把芒格的这句话当成情真意切的行动指南。

裂痕，才是阳光照进来的地方。

独处、读书、写作，也是一种生活方式。

很多机遇，只有在你去做的时候才会到来。

人人都喜欢赢家，即使你曾狠狠地输过，也要有想赢的斗志和状态。

所有的“理所当然”都是赤身肉搏的结果，没有什么是轻而易举就能获得的。

趁年轻，要远行。

成长是变复杂的过程，即便如此你仍然可以心存感激，爱人如己。

你敢不敢再努力一点点

舒文　著

中国铁道出版社
CHINA RAILWAY PUBLISHING HOUSE

图书在版编目（CIP）数据

你敢不敢再努力一点点 / 舒文著．—北京：中国铁道出版社，2017.12

ISBN 978-7-113-23790-5

Ⅰ．①你… Ⅱ．①舒… Ⅲ．①成功心理—通俗读物 Ⅳ．①B848.4-49

中国版本图书馆CIP数据核字（2017）第221827号

书　　名：你敢不敢再努力一点点
作　　者：舒文　著

策　　划：巨　凤　　**读者热线电话：**010-63560056
责任编辑：苏　茜　　**封面设计：**MXK DESIGN STUDIO
责任印制：赵星辰

出版发行：中国铁道出版社（100054，北京市西城区右安门西街8号）
印　　刷：北京鑫正大印刷有限公司
版　　次：2017年12月第1版　2017年12月第1次印刷
开　　本：880mm×1 230mm　1/32　**印张：**8.125　**彩插：**4　**字数：**172千
书　　号：ISBN 978-7-113-23790-5
定　　价：39.80元

自序 —— PREFACE

北漂七年，我无数次无助彷徨过、迷茫失落过，为找不到工作彻夜难眠过；为负担不起昂贵的房租露宿街头过；曾经银行卡里只剩下两位数还要死撑大半个月生活过；有被拒之门外心酸过；为自食其力生活挑灯夜战过；炎炎夏日背着几斤重的电脑包横跨整个京城兼职赚取生活费过；也曾一度感叹，原来这不是我想象中的北京，可现在我努力在这里立足……

我第一次坐飞机是在 2008 年，当我看到飞机翱翔在天空，有既定的航线和目标地点时，我感到无比兴奋，内心燃起倔强的小火苗，那种小火苗让人感觉生活有奔头，也从那时开始，我很喜欢抬头仰望天空航向明确的飞机。

但是抬头看天，心里装着的却是各自的烦恼，黯然神伤。

有时不禁感叹，其实是梦想支撑了你的生活，而不是生活支撑了你的梦想。

大城市里人们的生活从来都是不容易的，听人说，每天零点后，会有超过 100 架飞机乘载着超过 10 000 人的旅客进进出出，还有穿梭于城市间的火车、客车，带着希望而来，带着失落而去的旅人不计其数。这样的生活没有是不是合理，或许只有是不是体面。

我们这一代人，从小有父母陪伴，几乎很少会吃苦。然而当你只身一人，来到一座大城市，没有依靠，更没有庇护的时候，世界毫不在意你曾经是什么样的，在面临巨大的痛苦考验前、人头攒动的地铁里、竞争激烈的人才市场，一视同仁。如果在这之前，你什么都不会，那么你能做的，只有被迫成长。

那年带暑期班的课，每天早上 5 点起床，6 点左右赶到指定的上车地点，前往京郊授课点。在开始这样的工作之前，我曾设想，早上 5 点钟大概很多人都在睡觉吧！可实际的情况却让我大吃一惊，地铁上已经很少看到空位了。

那一刻我在思考一个问题，北京这座城市，是几乎没有什么夜生活的，大家下班比较晚，加之空心城严重，大部分人都住在城外，在城里工作，于是每天下班几小时路程，回到家里面已经是十一二点，洗洗睡觉。

而早上五点又再次让自己整装待发地出现在地铁上。突然一下子觉得生命何其荒唐。可事实不就是如此吗？

一线城市即便很苦、很艰辛，但是很多人仍然会选择驻留在这里，因为这样的路径对于很多人来说，是实现自己的梦想，改变自己的身份属性，获得一种体面的可能与途径。

自　序

20 几岁的年轻人，刚刚开始走进生命最美好的时光，却不得不开始面对和解决生活的种种难题。

被迫独立，被迫成长，被迫去思考。你有想过你到底想过什么样的生活吗？是去大城市拼尽全力，还是选择留在小城市安逸舒适地生活。去思量爱情是什么，自己的感情是不是有原则？是为了填满寂寞而寻找，还是因为默契而一拍即合。有没有让自己多学几门技能？有没有为融不进高段位人群的圈子而发愁？是不是还挖空心思想要找寻生活操作指南。

但很多时候，促使你勇往直前、不顾一切并且最终获得胜利的，是一种说不清、道不明的非理性因素，比如滞后恐惧，相信它就那么简单，不难做到，然后你就硬着头皮上了。

然而很多事情，在走过以后再回头看，其实并没有当初想象中那么艰难。很多时候，其实只要再坚持一小步就能得到你想要的结果。很多机遇，也只有在你去做的时候才会到来。

高晓松说：“我们早晚会被生活打败，当你坚持到下半场的时候，换人名额用完，体力用光，最终还是会被生活打败。所以当你有能力的时候，一定要“狠踹”生活，因为生活绝不会因为你胆小怯懦，什么都没干，而饶了你。所爱隔山海，山海亦可平。”

有人说七年就是一辈子，七年，足够换一座城市、打磨一个性子、稳定一份生活。我将用这本书，用真实的文字，有血有肉的故事，讲述我在北京成长的故事。

Once you are in, you are in.

如果生活无法拯救你，你得学会先拯救你的生活。

目录

CONTENTS

CHAPTER 01
愿你的梦想不负青春

CHAPTER 02

目录

C O N T E N T S

CHAPTER 04
生活从未辜负每一个努力的人

CHAPTER 01

愿你的梦想不负青春

成功不是想出来的，是做出来的。理想和现实之间的距离，是无数次的挫败和永不妥协的勇气。即便现实荆棘遍地，但只要你敢闯、敢拼，就能迈上跑道，就能去赢。现实的世界远比想象的复杂，你要做的是在这个复杂的世界，为保住自己那份净土拼杀到底。向光，逆风，生长，其实你可以的，愿你的青春不负梦想。

其实生活才不是，一着不慎满盘皆输呢

“有一件事情是真的：有一天你会走向死亡。有一件事情是假的：人的一辈子只能活一次。有人活在过去；有人认为自己不会再有新的可能；有些人 25 岁就‘死了’，75 岁才被‘埋葬’。事实上，一个人的一辈子，可以同时是：音乐家、发明家、诗人、厨师、CEO……只要你利用好自己的每一次生命。”

——《雇佣人生》

前两天与一个同事聊天，她感叹工作五六年，生活走进了一个循环的怪圈，心有不甘却无能为力。想做更多尝试，挣脱束缚寻找更多可能；想要改变自己，打破既定的生活模式，但却出于对未知的恐惧，对舆论的压力，还有对自己的不完全接纳，仍然一成不变、一如既往、一丝不苟地在既定模式下过活。

但同事身边，却又总是层出不穷这样的人，他们当年读书的时候成绩不好，没考上“211”或者“985”这样的大学，毕业也

没能进入一线的大公司。

但不知怎么回事，在几年的沉浮后，同事身边的人却以一种全新的身份跳脱出来，开公司、做投资、做个人 IP，虽然从事的工作看上去充满变数和挑战，但却生活得饱满又充实。

这时，同事不禁开始回顾这些人的过去并对比自己，同为一代人，自己的生活又是怎样的？

早九晚五的既定模式，在公司重复地做着早已经烂熟于心的工作，像枚机械的棋子，下了班又像既定模式一般做饭带孩子。这种状态看上去既僵硬又封闭，是一眼望到头的安宁。

有一份外人看上去体面稳定的工作，但这种体面和稳定背后，真实的情况却是自己早已退化成为一个思维纵深单一，视野狭隘，生活方式规律且无趣，眼神中早已没有探索未知光芒的躯壳。

她（同事）很想尝试跳脱出这个怪圈，去做一些一直以来想做却又不敢做的事情。

我问："那你知道自己想做什么吗？"

她说："我其实喜欢烤饼干做糕点。在大学刚毕业时，自由时间比较多，就经常做一些小点心带给朋友们吃，大家都说我手艺很好，可以开家甜品店。"

"那为什么又不去做呢？"我继续问。

她说："谁又敢呢，出于兴趣自己做着可以，但是一旦要将兴趣变成职业，我就不敢打这个包票了。跳槽就意味着所有模式被打乱，你要担心你的社保医保，你的收入和生活保障。"

她说的不是没有道理，在生存都面临考验和挑战的情况下，我们谈什么生活方式和理想。

我的这位同事，在跃跃欲试和理性克制之间左右徘徊，拧巴地生活着。当看到朋友圈有人晒出谁谁谁勇敢裸辞去做自己一直想做的事情时，她总是忍不住第一时间转发，然后附加上一段文字："没错，生活就应该还有诗和远方。"

但每当到了月末发工资的时候，她又会情不自禁地感叹，还是这样有稳定的收入好，不像那些出去创业的，每个月战战兢兢，干完活还得去催欠款。

就这样，她既没有勇气豁出去搏一把，也没有魄力丢弃情怀完全变成一个俗人。记得韩寒以前说过，"做人，要么大俗，要么大雅，半俗不雅的是最痛苦的人。"

和我的同事类似，大多数人就是这样半俗不雅的人，所以也挥之不去地痛苦着。

他们看到有些人不走寻常路做自己想做的事情，做成之前嗤之以鼻；稍微做好一些就另眼相待，甚至反转把这些人的例子用来证明自己仍然享有情怀理想的谈资；如果做得再好一些，有了收益和名气，便望眼欲穿，想方设法去探讨别人的路子，希望别人可以讲出一些通往捷径的方法。

但方法知道再多，不去实践，一切都是空谈。有一种说法——理想和现实之间的距离，叫作练习。对于很多事情，比如学习一门语言，学习一门乐器，从事一个全新的职业，通过反复训练都是可以实现和做到的。

格拉德威尔在《异类》一书中指出："人们眼中的天才之所以卓越非凡，并非天资超人一等，而是付出了持续不断的努力。1 万小时的锤炼是任何人从平凡变成世界级大师的必要条件。"

他将此称为"一万小时定律"，该定律是指，如果要成为某个领域的专家，他需要一万小时，换算一下就是，如果每天工作八个小时，一周工作五天，那么成为一个领域的专家至少需要五年。这就是一万小时定律。所以只是空想和空谈，没有切身去经历和实践，都是毫无意义又无趣空洞的。

其实这个道理大家都懂，但是为什么还是有那么多人不愿意去尝试，继续以一种"我思故我在"的姿态无意义地空想呢?

记得小学一年级的时候，我的数学老师曾说过一句话："一张试卷的成绩定终身！"她的这句话，让那时的我们坚定地认为，如果这次考试考砸了，人生就完了。

那时我们才六七岁，还有那么多未知的事情没有去探索，对世界的认知也只是冰山一角。以至于考前那一晚，我在睡梦中吓得发抖。

想想看，如果你身边有这样一个男人，年龄38岁，经历失业、大学肄业、当过厨师、做过销售，甚至还当过农夫，却对广告领域一无所知，从未写过一篇文案。

有一天，他突然跟你说，想进广告圈，开一家自己的公司。

你会怎么说?

劝他说，你千万别犯傻。你都38岁了，早该成家立业，也该清楚你有几斤几两，做不到的切莫强求，得不到的果断放弃，挤不进去的“世界”就别挤了。

你说得情真意切，掏心掏肺。因为你不光这么劝说他，更是这么劝说自己的。

但结果是，他没有听你的，然后还做得很好。比如大卫·奥格威[①]。

其实，我们从小就被要求谨言慎行，认真对待每一个取舍和抉择。

比如，小学一年级时必须要第一批加入少先队，如果不是第一批说明不够先进和优秀，甚至对后面的发展也会有所影响；高考时必须要考入一所好大学，因为考不进去，从此会成为你命运

① 大卫·奥格威，其创办的奥美广告公司今天已成为世界最大的广告公司之一。

的拐点，你和那些考入名校的同学就此分道扬镳了……

这让我联想到两句古语：第一句是“一着不慎，满盘皆输”；第二句是“子曰：三十而立，四十而不惑，五十而知天命……”

这两句话对我们影响至深，并升华至判断和决策人生的最高标准。最明显的例子就是，当你快 30 岁时还没有结婚成家，家人和亲友就会认为你还没有真正独立，哪怕你拥有高薪收入，生活稳定，他们也会觉得你的生活并不完美；当你 40 岁时更不敢随意说出自己的年龄，因为你会回头看自己走过的路是否有意义。

对于第一句，虽在说下棋，生活亦如此。这种思想的本质在放大，任何一个看似渺小的决定和选择，都可能由于万物牵连发挥着不以人的意志为转移的影响作用。

我们拥有某种优势，这种优势可能在某种特定场景下会变成一种劣势；而我们的劣势，在某种特定情境下可能又会变成优势。

对于第二句，我个人的理解是人在 30 岁时就应该确定自己的人生目标与发展方向，到了 40 岁就没有什么可以顾虑、疑惑的了，到了 50 岁就不得不认命，已经无法抗拒了。

据现代科学研究，随着科学技术的发展和医疗水平的提升，人未来的寿命，可能延长至 120 岁及以上。那如果 50 岁就认命了，后面的 70 年用来干吗呢？

有句话这两年很流行，有些人 25 岁已经“死了”，但 75 岁才被“埋葬”。但有些人的生命却不只有一次，他们反复尝试和探索，从一种身份幻化成另一种身份，研究自然、创造发明、读诗写诗，就是不甘于活在过去和活在既定模式里，于是活成更厚重和多彩的自己，把一次生命活成了几次。

电影《龙樱》里有这样一段台词：

“入学考试的问题，答案往往只有一个，这真的很残酷。但是，人生不一样，人生有很多答案，继续读大学是正确的答案，不去也是；热衷运动是正确的答案，喜欢音乐也是；和朋友一起玩耍也好，为了某人而绕远路也罢，这些都是正确的答案，所以，不要畏惧活着。”

人生存在的意义是你发现知道得越多，不知道的反而更多。于是探索世界的好奇心和大胆尝试的勇气倍增，你因为一次次果断决绝地打破条框的限制，从而活成自己更想要的模样。

做一件事情最好的时机是十年前，其次是现在。决定你未来可能性的，不是你的抉择，而是你的内心。生活有无数种可能，不要畏惧地活着。

接受自己的不完美，准备好迎接命运的挑战，你终将抵达光明之地。

30 岁之前该想清楚的 3 件事情

最近大家热议的一件事情就是，联合国认定 1992 年出生的人已经可以被称为中年人了。一时间在朋友圈里看到了一丝无法抑制的焦虑。

中年意味着什么呢?

如果按照古人的逻辑来看，中年即是你人生进入收入稳定、家庭构建的阶段，上有老，下有小，事业隶属上升期，三十而立。

然而现实的状况却是，即便很多人已经步入中年，却无法摆脱三十而不立的现实。刚大学毕业参加工作没几年，积累并不充足，在公司人微言轻。尤其是在一线城市，收入刚好抚平生活，却开始面对房价的高不可攀的事实。

有时觉得人生这条路就好像是坐过山车。30 岁之前走得是爬坡的那一段路线，看似艰难实则是不断积累和历练的过程。然而过了 30 岁之后，就像是过山车的后半段，飞速前进，不留给你须臾的时间。

我一直觉得30岁是人生的分界点，是如沐春风和寡淡如水的天然界限。

当我20岁的时候，与人聊天偶尔也会慌张，但那时候的慌张大多是慌张给别人看的。20岁，人的情感和神经总是那么发达，再小的悲伤都能逆流成河，总是喜欢掰着手指头算，离30岁只有10年了，要加油！

但是到了30岁，当跟人聊起来，那种慌张感却是实实在在的。我觉得24岁是一个坎，过了那个坎之后，以往觉得离自己还远的东西却以一种咄咄逼人的姿态向你靠近。

20岁之前你想得多一些，可以被说成是文艺；20岁之后，你多想一些，就是理所应当。因为大家都在想，而且比谁想得快、想得多、想得好。

这种攀比“想”的东西无形地存在于你我之间，像警钟时刻在耳畔长鸣，就算你不为自己想想，也得为自己未来的那个TA还有你的孩子多想想。

最近无意间看到TED的一个视频，大致是在阐述这样一个主旨：

“20岁，选择你的事业，选择你的家庭。也许你会认为30岁是一个比20岁、25岁更好的安定下来的年龄。然而，20岁的时候，生活就像抢板凳的游戏，大家跑来跑去乐在其中，30岁的时候突然音乐停止，大家一个一个开始坐下，也许你就能找到距离你最近的椅子赶紧坐下。

想要有所成就需要具备两个条件：①一个清晰的计划；②不够多的时间。如果一切都等到30岁，那么30岁什么也不会发生。

突然觉得自己就像在抢板凳中玩得太high，甚至是自high掉的那一类人。当我20岁的时候，我觉得25岁还很长，我努力地规划，也努力地为不好好执行找理由，因为我觉得离25岁还很远。

这些理由包括，“今天心情不太好，要不看点喜剧缓冲一下；今天来大姨妈了，我觉得我可以在床上窝一天；早上太冷了，6点30分准时叫我起床背单词的闹钟响起，我快速地按下闹钟决定再多睡一会儿，要对自己好一点；说好要减掉‘游泳圈’，回到家里也并不晚，可以做几个仰卧起坐，但却肆无忌惮地觉得明天再开始也无妨，于是爬到床上疯狂地刷起朋友圈……”

这一切万恶的行径的指导思想在于，我坚定地认为时间还长，我30岁的时候会达成我的规划，能实现我想实现的，做到我想做到的，学会我想学会的。

但是会吗？并不会啊。

当我25岁的时候翻开20岁时规划的蓝图，发现没有几项真正地做到时，我意识到，除非为之努力，否则当我30岁的时候，根本无法完成规划的蓝图。

左手不摁起几个槽，想用吉他流畅地弹出《卡农》那是不可能的。

就像中午在食堂和同事闲聊，某某年纪轻轻已经构建团队、融资千万云云，好有经验啊。我答道：“不难啊，关键是有项目做，有团队管，有方案出……”

所以不管结果是好是坏，总得有所为，才可为吧。

平复下来，我明白自己在焦虑什么。正视焦虑，没有什么大不了的。如果不希望自己 30 岁的时候什么也不发生的话，明晰计划和有限的时间，抓住这些有限的时间竭尽全力去做。

经常在朋友圈里面看到一句“Tomorrow is another day”，another 在英语里面既可做介词，也可做形容词，表示“又一、另一个”，“another day”可表示“又一天、吉日、全新的一天”。

整句话的意思可引申为，“别发愁，别担心，去的终将会去，来的终将要来，闭上眼睛，明天太阳照常升起，所以你该浇花浇花，该施肥施肥。”

对此我不太认可，我只想说：“不要一味将计划寄希望于明天，而你浪费的每一个当下，终将成为回不去的昨天。”

那么，20 ～ 30 岁的人该想些什么呢！总结下来是想三个不想！

1. 你不想过什么样的生活

我经常听到一些作者会说这样一句话，“你要知道你想过什么样的生活，然后你就去啊！”其实这是个伪命题，对于一个二十几岁的人，经历和阅历有限，你让他准确清楚地描述出来想过什么样的生活是很困难的。

就如同你都没有富有过，怎么能做到对物质世界从容呢？按照普通人的履历来说，25 岁的人，大学毕业参加工作，从老家来到 A 城、B 城，抑或是 A 国、B 国。认识了一些聊得来的朋友，结识了几个对自己有帮助的导师。初尝到生活的不容易，但还不知道究竟有多不容易。

相比直接选择来说，排除法会更容易一些。

比如我不喜欢朝九晚五常规的固定生活，所以我不会去选择稳定的编制内工作。同样，在生活习惯上我不喜欢空间被占用，希望有足够多的私人空间，所以我尽可能不去跟别人合租。

二十几岁的人，你让他一口说出想过什么样的生活实在是不太容易。但是他或许可以告诉你他不想过什么样的生活。

朋友小 A, 毕了业之后在一家大型公司上班，恰好分到了一个新成立的项目组。项目组日常的事务繁多，经常加班。小 A 是个极其文艺的人，在参加工作之前经常旅游、混各种社交圈。生活丰富多彩，聚会是家常便饭。

但因为工作的原因，小 A 不得不牺牲很多个人时间和改变习惯。刚开始他也跟我抱怨过几次，但每次抱怨过后还是乖乖地继续回去工作。所以我一度以为这只是成长的一个必经过程而已。

所谓的成长，就是牺牲和放弃你看中的事情，去做一些你不太感兴趣的事情，以实现未来能对不喜欢的事情说不。但最近我听说小 A 还是选择辞职了。

我很好奇问他为什么？

他告诉我说，也许他不清楚自己未来会去做什么，但是他十分清楚现在做的这些事情和过的生活不是他想要的。他无法忍受二十几岁的日子就这样在两点一线中流逝，他也不觉得在一个方向不清、目标不明确的项目组中争利益有什么意义。

2. 你不想做哪些事情

我曾经看到过这样一句话：“如果你仅做自己能力范围之内的事情，那你就永远没有办法成长。”

细想起来，觉得有些不够严谨。想不想做和能不能做是两件截然不同的事情。对于刚涉入社会的年轻人，也许吃些苦多尝试一些超越自己能力范围的事情，是鞭策自己成长的一种方式。比如让你单独去做一次谈判、独自领导一个项目。

慢慢你会发现，推动你在某一个领域真正有大的建树的东西一定是源于内在的动力，就像是早上叫醒你起床的一定不是闹钟，而是梦想。人慢慢上了年纪，就会发现没有必要事事都去迎合他人，因为迎合以及对所有的事情来者不拒，只会使你牺牲更多去做自己想做事情的时间。

近来跟同事聊天，他诉苦说很希望结束手里的项目去踏踏实实钻研开发产品。我问他，为什么有这样的想法？

他跟我说，他不喜欢每天活在压力之下，跟一大堆人来回“车轮战”，时刻神经紧绷预防老板的各种突然袭击。快 30 岁的人了，如果一件事情你不想做而且有绝对充足的理由不做，那么就不应该继续做下去。

我在做产品前，曾经做了一段时间的 VIP 英语培训师，我清楚地记得一次为时 2 小时的课程结束后，我突然觉得对自己从事的工作毫无兴趣，并且非常排斥，那个时候我并不知道自己想做什么，但是我清楚地知道做这样的培训不是我想要做的事情。

于是我果断辞职，才有了我现在这份工作。

3. 你不想成为哪一类人

工作过两三年之后你会慢慢发现，人是可以被归类的。有些人是事业进取型，不管婚否有没有孩子，始终工作第一。没日没夜地加班、做方案都能时刻保持鸡血满满，他们享受每一次方案落地、被上级通过认可时的那种自豪感。有些人，希望工作和事业有一个绝对的分界，不那么醉心于争名头，奋斗得很优雅。

我不觉得哪一种是绝对不可取的。只要是你想要的方式就是好的方式。

身边有不少朋友，并不是天然的“战斗机”型选手，但每每看到周围同事高升，却流露出一种怪异的“酸葡萄”心理，讽刺说这人就是很功利，跟自己比也没有强多少。

其实我觉得这大可不必，每个人有不同的轨迹和发展路线。只要你明确自己走的方向是符合预期的，就是好的。

最可怕的事情不是你人近 30 岁还两手空空，没搞出来个什么大名堂；而是你明明不想变成那样的人，却离那样的人越来越近。

但是用这样的排除法把不想要的东西踢出去，方向会清晰很多，对未来留余地，对他人有宽容，对自己有约束，我们始终还在路上。

26 岁那年，我在北京有了第一套属于自己的房子

26 岁那年，我在北京有了第一套属于自己的房子。那次搬家中，搬家师傅因我要搬的东西太多，嫌我半米高的卡其色小书架太旧，建议扔掉，妈妈却执意要留下它，最后师傅拗不过她，只好让她抱着书架坐到副驾驶位置，这才把书架留了下来。

后来我问妈妈，为什么要执意留下书架。她平静地说："不知道，就是觉得它跟着你走了大半个北京吧。"

我转过头看着它，想起第一次把它买回来的情景。那时我刚大学毕业，拿到毕业证后，下午就奔赴招聘会现场。眼看学校给没有住所的毕业生提供的 2 个月居住时间马上就到了，我即将面临被扫地出门，不得不出去租房。

租房本身是一件很简单的事情，但如果把它放在北京，就变得格外艰难。艰难的本身不在于找不到房子，而在于找到租金既便宜又中意的房子。为了压低租金，我跟着房屋经纪人在炎热的 7 月绕着北京跑了好多天。最后以 800 元的价格租了一个开间，

这个小书架作为第一批入住的成员，跟我一同搬了进去。

从那时开始，我一边在两处机构兼职，一边没日没夜地继续找工作，每个月的收入除去房租就所剩无几了，生活经常捉襟见肘，我不得不学会精打细算。我从一个在家“娇生惯养”，从不洗碗的小孩变成了会辨别稻花香米和长粒米，会做便宜又营养的鲫鱼汤，会把各种豆子倒进锅里煮粥的大人。有一次，家里突然停电，而银行卡里就只剩几块钱。经过一番痛苦的思想斗争，我问朋友借了 50 元钱，才充了电费。电来灯亮的那一刻，柔和的灯光把屋子照得亮亮的，我却哭得稀里哗啦。

事实上我是一个不太爱当着别人面哭的人，总是尽力将最阳光的一面展示给别人。在学校时想哭就会等大家都睡了，躲在被窝里轻轻抽泣，还时刻担心幅度过大，让下铺的同学发现。而有了一个独自的住所，你终于可以肆无忌惮地放声大哭了。所以，这个小书架在那一段曲折的时光里，在黄色灯光的映衬下，看着我挑灯夜战，看着我号啕大哭。

小书架和我在这套还算舒适的出租房里没待过第三个月，就被迫搬家。因为我租不起这个开间了。为了表示歉意，我曾试图帮房东找转租，并把她的房子彻头彻尾地打扫了一遍。房东是一个和我父母年纪相仿的中年女人，她说她有一个儿子，跟我同岁。在一通努力找下家无果后，我鼓起勇气告诉她我无法再租她的房子了，我知道这算是违约，但是我真的没有办法，祈求她可以退还押金给我，哪怕是一半押金也行。

我原以为，她会以像看待她儿子一样的心态看待我，但是我发现我错了。她和两个面露凶相的男人来验房，无比细致地把一切检查完毕之后，别的只字不提。

后来我忍不住问道："阿姨，能不能把押金退给我？"她以她儿子刚生了一场病，让我同情她为理由拒绝了，而她带来的两个男人正有一搭没一搭地在一旁恐吓我："你还要什么押金，你这是违约，没找你麻烦已经不错了！"

于是他们拿走钥匙、电卡等东西，把门锁了走了。我和我的书架在冗长漆黑的楼道里等电梯。在找到下一个住所之前，我被迫寄宿到一个朋友的宿舍。

我并没有告诉家人我已经流离失所了，因为在外这几年我学会了报喜不报忧。所以有一次跟我妈通话，她问我有没有炖鸡吃，我站在宿舍窗台，平视着窗外的大北京说："有，鸡汤在锅里炖着呢。"

在外地，尤其是像在北京这么大的城市漂泊的人，最期待的是能有一个稳定的、可以遮风避雨的、完全接纳自己的家。家是一个抽象的概念，它指的不仅仅是一所房子，一个住所里面所有的构成元素，都可能在那个时候成为你"家"的一部分，家庭成员的意义由此而产生。

来北京这七年，我曾一度说不出来一个词“回家”。每当被问及“你干吗去？”或者“你现在去哪儿？”之类的问题，我总是无法说服自己脱口而出“回家”，而是选择用“回去”代替。甚至有时随口带出“我家有……”的时候，都会刻意地再做一次更正，“我租的那房子有……”

家对我来说是一个神圣的地方，于是不愿随随便便把它安放。如果没有家，那就选择不说好了。人对于“家”的渴望会逼迫你无所顾虑地往前冲。因为连“家”都没有，还有什么事情是值得你眷恋和吝啬努力的？

一个人之所以会放弃一件事情，是因为还有别的选择。而当你毫无选择，不硬着头皮往前冲就会饿死的时候，自然而然就学会了锲而不舍，这就是死撑。我曾经也一度为了明天有饭吃死撑，记得那时候我在小区里订了个1.2元的牛奶，突然有一个月兼职的机构课时减少，我的收入顿时减少了一大截。仔细核算了一番，发现接下来我几乎订不起牛奶了。

可我要找什么理由来跟送奶的大叔说呢？

他是知道我才搬进来不到一个月的。左思右想，我以要出差为由写了个纸条，连同洗干净的牛奶瓶一同放进箱里。试图用这最后一点体面来挽留自己那不足挂齿的尊严。

如果说“穷”是这几年我生活字典里高频出现的词，那么至少在26岁之前我还是在笨拙地抗争它而不是巧妙地运用它。快迈进26岁的那一段时间，我经历了人生第一个低谷。突然觉得生活就像一个重重的躯壳，压得我喘不过气，而我却兢兢业业地想让它变得更好。

面对着周围同龄的好友纷纷有了另一半，热火朝天准备结婚；年纪相仿的同事，差不多都已做到小领导级别……而我在那个时候竟然想要裸辞。我似乎已经忘记了前几年困苦的日子是有多么的可怕。我只是觉得当下的生活太不稳定，不是我想要的，所以我想选择逃离。至少在那个时候，我还没有意识到能创造稳定的不是生活，而是自己本身。

正在我工作、生活遭受严重的内心煎熬时，突然有一天，房东告诉我要卖房子，所以要提前收房，让我在一个星期内找到房屋搬走。人在遭受内心煎熬时，是一种被打了都不想还击的状态。所以当他提出这个要求时，我竟然没有反对。我一个人坐在屋子中间，看着天天使用的家具突然意识到一件事情，如果把这一屋子属于我的东西拿箱子都装起来，贴好标签运送到任何一座城市，我就像是没来过这里一样。那感觉就好比一支从花盆里剪下来的绿萝，只要灌一点水，放进喝完的橙汁瓶子或矿泉水瓶子，它都可以安然无恙地生活下去。那不就像此时此刻的自己吗？

想想自己，工作尚在摇摆，结婚更是个遥远的符号，现在连住所都是个问题。那一瞬间突然觉得生活得很没有意义。

累死累活地在外打拼，每月却要把三分之一的收入贡献给房东，并且过着提心吊胆随时被“登门造访”的日子。出入在高档的办公楼，做着外人口中看似体面的工作，但是却始终没有办法找到一个稳定的地方安放自己，这让我感到十分绝望。

这哪里是在过日子，明明就是在赶日子；不是在享受生活，而是时时刻刻都在等待被生活安排。这多么像傀儡在过活！

我问自己，这就是你心心念念盼望的生活吗？这就是你口口声声期待的稳定吗？总是在等待，不去主动创造获得稳定的机会，稳定会不期而遇或者如期而至吗？

因为你穷过，所以你宁愿过着看似凑合的日子，也不愿意提升自己干枯的生活质量，更不愿意把自己再次推出去，赤裸地承担压力和风险？你宁愿继续唯唯诺诺地等待幸运女神眷顾你，也不愿意主动出击，逼自己一把，看看自己潜力有多大吗？

稳定是一种心理的体验和感受，稳定不是生活，生活也无法创造稳定；如果指望等生活稳定下来再去为自己创造一份稳定的心境，去潜心按照自己的计划和想法做事情，那一天，是遥遥无期的。

连续两晚冥思苦想之后我做了一个决定，我要买一个房子，哪怕是借钱和贷款，哪怕它并不大。我开始联系中介，约看房子，并且在两周内快速确定。我贷了几十万元，将自己工作三年的积蓄掏空，把银行卡刷成余额为0，又借了几十万元。于是就这样赶鸭子上架般地买了房子。

我妈把小书架搬进新家的时候，把它擦了又擦，收拾得很干净。我把它安放在一个固定的地方，放饮水机和杯子。它仍然安静地待在一边，看我时而伏案敲字、时而加班晚回、时而在家里做饭看书、时而放声大哭地看一部影片。

透支买房让我再次财政赤字，这样的赤字让我再次找回那种捉襟见肘的感觉。但是我很珍惜这段经历，用恐惧感把自己从舒适的领域踢出来，推到现实的跑道上继续赤膊上阵，很刺激很累，但很奏效，这份压力会时刻提醒你、鞭策你、刺激你、激励你。如果生活没有办法给你稳定的感觉，那么你就想方设法给它建立规则。如果生活无法拯救你，你得学会先拯救你的生活。

是的，24 岁那年，我在国贸开了家餐饮店

2014 年的夏天，我坐在租来的十几平方米的房间，筹划一件大事，我想在北京这座寸土寸金的城市开一家餐饮店，主要提供四川特色小食，用互联网的思维方式，打造“轻简餐”的模式，暂时不打算做线上。

在那之前，我跟很多人聊天，每次问他们，等你有钱了，你会选择做什么？他们总是这样回答我：“等我有钱了，我要开一家店，可能是一家咖啡馆，然后在里面摆满书，放着各种好看的咖啡杯，然后……”

“那你到底准备什么时候开始做这件事情呢？”我忍不住会把他们从神往的思绪中拉回来，可大部分人给我的都是一个不了了之的答案。

开一家店，是很多人的梦想，我也一样。但这次我想来真的，就在眼下，在北京，开一家实实在在的店。

之前听马云对所有创业者说过：“从创业的第一天起，你每

天要面对的是困难和失败，而不是成功。我最困难的时候还没有到，但有一天一定会到。困难不能躲避，不能让别人替你去扛。九年创业的经验告诉我，任何困难都必须你自己去面对。创业就是面对困难。”

对我而言，筹划开店面临的第一个不可逾越的考验就是，钱从哪里来?

大家都知道，做生意需要本钱，需要时间，还需要心力。这三个条件通常情况下是比较难同时具备的，尤其是对于二十多岁的人，处于资本积累的初期，基本上从学校毕业进入社会，能够差不多养活自己，不问家里面要钱，就已经很不错了。

不光如此，当我提出想要开店后，有很多人（包括我的家人、朋友）都对我说，下海经商，需要很多原始积累，比如人际关系等。

我思前想后了一个多月，最后还是决定要开店。钱的问题我从三个方面得到解决，自己的少部分积蓄，问家人借来了一部分，另外，找到了一个信得过的朋友入股集资。就这样，东拼西凑了十多万元。

要知道，想做成一件事情，很多时候光靠自己是完不成的，抱团的力量能给你带来的价值远超过你的想象。

有了资金后，我开始筛选地段。地段决定店面的租金、转租费和客流量。转租费是由多方面因素决定的，费用可高可低，甚至可有可无。

在偌大的北京城，地段好的地方，你见到的是店铺门庭若市，每天的高翻台率；而地段不好的地方，几乎就是门可罗雀，生意清冷，更别提翻台率。

好地段意味着更高的价钱，这对于当时的我来说，是绝对不适合的。大多数人，在了解到商圈价位这个严峻的现实后，可能都会知难而退，被高额的租金和转租费吓得退缩回去。但我却是这样一个人，对所有的事情和结果，都坚信一定还存在一个反转的可能，只是自己还没有找到正确的方法而已。

在地段的筛选中，除了线下一个片区一个片区地搜索外，我还在网站上去搜寻相关转让信息，包括 58 同城、赶集、豆瓣等。成功是一个不断地重复、失败、再继续的过程，这个过程可能是备受煎熬的、可能是孤独无依的，但是当你做成这件事情后，你会收获很多，成长很多。

连续几个月这样无缝隙地毯式搜索后，我找到了一家急转的店面信息，位置在国贸，80 平方米，装修还算可以，并且转租费相对便宜，在我可以接受的范围内。于是，我果断与他取得联系，这就是我在国贸开餐馆的开端。

拿下店铺之后，紧接着第二个棘手的问题就来了，我只有一个礼拜的免租期，但是店内的装修和设计与我的预期完全不符合，面对全面装修和更换设备，靠两个“90后”小女生，该怎么办？

在国贸那寸土寸金的地方，做任何事情，都是需要劳务费的。为了将成本降到最低，能用临时工就不会招长期工，能让人帮忙就求人帮忙，能自己解决的，绝不多花一分钱。

人在江湖飘，有时一件事情成败与否，很可能取决于一些看似不起眼的小角色。再了不起的人，也说不定会需要别人的帮忙，更何况，那时候我几乎倾尽所有，别无其他。

在我就用这种央求的方式和真诚的态度，找来了免收人工费的装修师傅；买来了免收运费的桌椅；请卖灯管的小师傅吃饭，让他帮我们安装灯管。当然，不是所有的事情都只靠请求就可以，还需要自己做，我和我的合伙人曾在一个寒风瑟瑟的冬日午后，自己在店里安装桌椅，从起初的笨拙无从下手，到后来的比谁都安得快，而这些对曾经什么家务都不太会干的姑娘来说，是莫大的进步。

在筹备开店的过程中，曾遇到过无数事先几乎没想过的问题。比如物业突然来收取装修维护费导致装修延期；食材被收废旧品的工人偷走，不得不再次运送；买的灯泡大小不合适，大冬天在建材市场和店面间来回奔波。

现在回头来想，那段时间每天所遭遇到和需要处理的事情，远比之前预想的要多太多。可人处在麻烦当下的时候，除了埋头往前冲，真的不会再往别处想，而面对一些看似高不可攀的事情，很多人是被自己的臆想吓回去从而退缩的，而真的在经历挑战和严酷的时候，你却是无所畏惧的。

店面就在这样赶鸭子上架的节奏中被装修好了。紧接着就是开业酬宾和宣传。

不知你走在大街上，看到那些对你投来笑意，说话有礼，递来传单的人是什么态度，是接过他们的诚意，还是视而不见冷漠地扭头走掉。

在我拿着上百张传单，站在国贸桥下，穿梭在写字楼之间给来往行人递送着新店开业的传单时，我发自内心地立下了一个誓言，以后不管什么传单，只要别人递给我，我都会接住。

因为这是对一个在寒冬里，被无数白眼、无视、不屑的眼神滞留后，一丝对于成功的渴求。没有发过传单的人，不会懂。

我曾抱着一大摞外卖传单，从写字楼顶层开始，一层一层地敲开写字楼的每个房间，推门问你好，笑脸说再见，把外卖单子一张一张的给送出去。有一次，还被人恶言相向地轰了出来，朋友看不下去了，说你一个“211”大学毕业的高才生，又在那么大的公司工作，为什么要受这种气？

我认真地想了想，然后对她说，因为我明白我在做什么，我又多么渴望能把这件事情做成，心里装着一件天大的事情，其他的一切都不足挂齿。

在这样的心态支撑下，我在国贸的餐饮店顺利开业，试营业那一天，生意异常火爆，很多附近收到我发去传单的人，都来尝试。说实话，这是我没想到的。想想看，33 天在茫茫大海中搜索到合适的店面，7 天火速装修和轻装上阵，曾一度日流水上千元。

后来我在想，从下定决心要开店，到正式迎接每一个顾客，不管事情的结果如何，至少它带给我的价值，远大于它本身。在这个过程中因为各种突发的情况、障碍和困难，我不得不亲自去解决、应急和处理的心路，是很多事情无法替代的。

试错的过程，就是求对的过程，你不在年轻的时候去尝试和体验酣畅淋漓地失败，并从失败中果断勇敢地爬起来，难道还要等到年纪大了，身份和附属的东西更多时，再出去尝试失败和承受打击？万一那个时候，你比现在更害怕失去怎么办？一辈子想做的事情就这么搁置、忽略甚至废弃，不觉得人生没意义吗？

内心始终在不停歇地问自己一个问题，“这，是不是你想要的？”如果不是，那么“这个呢？”当带着这些问题尝试完一件又一件事情，就会觉得那些被排除掉的东西，会帮助我离正确的答案更进一步。

开店这一年，让我明白，不管做什么事情，需要有一个能够说服自己的明确理由，以及拥有较强的意志力，耐得住寂寞和折磨去往这个目标靠近。

在电影《飞越疯人院》中有这样一句台词，“人生最大的一种痛，不是失败，而是没有经历自己想要经历的一切。别忘了心底的那个梦想。”

对于一个心有执念的人来说，再多的困难也不过是小事一桩，你急着赶路和书写你未知的故事，所以没那么多时间和心力去追赶这些琐碎。

经历也是一种财富，更多的经历和深度的思考，才能让你的人生变得丰满起来。

莫欺少年穷，谁没有落魄的那几年

谁都有一穷二白、被人鄙视、被人看不起、不敢询问喜欢东西的价格、不敢正脸瞧服务员鄙夷的眼光的时候。谁都有过年少落魄，这才是人生。

可是请你记住，用心底梦想的声音，坚定地坚持自己的坚持，即使是替补，也能成为备受瞩目的新星。

大学毕业前夕在广告公司做 Copy 的时候，我曾经写过这样一段文案，“年轻人，都需要点儿吃着肉夹馍，梦着宝马车的闯劲儿！”

可喊出这样的豪言壮语时，我的确很穷，穷到不敢每星期早上吃肉夹馍，穷到中午和同事一起去楼下吃饭，只敢点最便宜没有任何荤腥的面，然后到了下午饿得肚子咕咕叫。

那一年圣诞节，我陪朋友去西单逛街买衣服。她是个家庭条件很好的姑娘，进去没过一会儿就大包小包买了一堆，我胆怯地在店门口站着，心心念念地盯着一件挂在模特身上漂亮的衣服不敢问价，服务员不时朝我投来异样的眼光。

在朋友的怂恿下，我收起对于价钱的恐惧和不自信，怯生生地请求店员帮我取下模特身上的那件衣服。谁知，她并没有按我的请求去做，而是丢出来一句刺耳的话，“这件衣服打完折也要一千多……”随后用令人不太舒服的眼光看着我，潜台词是，你还要继续试吗？

没错，当时的我挺怂的。用一肚子的情绪挤出来个“哦”字，然后默默地走掉了。出来后，朋友问我衣服怎么样？为什么没有买？

我苦笑地挤出来一句：“不太适合我。”天知道当时我有多喜欢那件衣服。

生活好幽默，几年后，我去那家店给家人买礼物，我看中一款衣服，在询问了面料和价格、折腾了半天后才刷卡买下了它，店员却很配合，一路笑脸，没有任何抱怨。走出来我在想，可能因为我看上去，不再是过去那样一个不敢问价的学生样了吧。可是，谁又不是从那个时候过来得呢？

来北京这七年，我换过六次住所。我曾不断地想，如果有一天我要出租我的房子，而租我房子的碰巧是个刚从学校毕业的年轻人，那么我一定会以比市场价更低一些的价格租给他。

因为我也有过那样一段面对高额的租金无能为力的时候。但庆幸的是，在我无法承担高额的租金被迫搬出来时，有一个人选择了接纳那时候的我。

她是我第二所住房的房东，是一个女强人，在北京做生意的深圳人，在北京有多套房产，她身上有着太多成功人士所拥有的标签和名头。但这些我都不在乎，她对我而言最与众不同的地方是，她竟然选择主动给我降低租金，并且提供免费的无线网络给我。

面对一个一穷二白的大学生，一个人选择用涨价把我撵了出去，而另一个人却选择降低租金全然接纳我。

后来我和这个房东姐姐成为很要好的朋友，时而在业务上还有不少合作，多年后我问她为什么要照顾我，她回答说："莫欺少年穷，大家都是从那个时候过来的，过几年，你就会慢慢好起来的。"

而事实证明，她说的是对的。

03

朋友 Florida 是我身边名副其实的有钱人，年纪轻轻已经在北京有三套房产了。当我目瞪口呆地看着她贷款买第三套房子的时候，她已经准备筹划去异地看看有无合适的楼盘。

有一次我们在外面吃烧烤，那家餐馆的食材非常正宗，羊肉都是从草原批量运送过来的。席间餐厅服务员和一桌顾客发生了争执，大概意思是，这桌客人使用的优惠券已经过期，他们必须按照原价支付，但商家并未及时将过期的优惠券撤出。

我顺势看了一下那桌客人，是一桌年轻人，学生模样，桌上摆着蛋糕，还有一些他们自己制作的小卡片，上面写着“苟富贵，莫相忘”，像是在给其中一个人践行。

面临这突如其来的差价，那一桌年轻人顿时都有些为难，他们像是没带足够的钱出来。毕竟这件事情不能完全怪他们，商家不把无效的消费券撤销下去，确实是商家的过失。可商家并没有意识到自己的问题，还不断地用一些刺耳的话数落这帮学生，什么“没钱就别出来摆阔装大爷……”

我本以为一向多一事不如少一事的 Florida 会继续吃她的羊腿不予以理睬，结果没想到她“啪”一声放下羊腿，顺手拿起餐巾纸把嘴一擦，走到店员面前甩了句：“吼什么吼，你们涉嫌误导消费者消费还在这里装大爷，谁没穷过似的。”说完，从兜里拿出钱包，帅气地冲刚才还一脸凶相的服务员说：“差多少，我出！”

服务员的态度这才 360° 大转弯，低头哈腰地接过 Florida 递过去的钞票。

回来之后，Florida 埋着头继续啃她的羊腿，好半天才抬起头跟我说：“你别看我现在日子过得挺滋润的，我小时候，家里穷得连肉都吃不起，衣服裤子上都是补丁，甚至到读高中那会儿都是这样的生活状况。以前我被寄养在亲戚家里，他们嫌弃我们家穷，每次吃饭的时候都用冷言冷语挖苦我，我懂那种感觉，不好受，可谁知道几年后、几十年后会是什么样子呢，你说是吧……”

谁都有过年少落魄，这才是人生。如果你眼下很穷，那么你应该采取的措施，不是自怜自艾，坦荡地接受自己很穷的事实，而是需要想尽办法，摆脱贫穷。穷并不怕，可怕的是内心默许纵容自己一直穷下去。

前两天，编辑找我，说我筹备投给新书的稿子里面有篇文章太私人化，建议我换一些跟读者更相关的素材。

比如？我尝试知道细节。

“文中的这个姑娘，以前经历如此多的坎坷，背着几斤重的书包跨越整个北京城去教课，而现在穿着高质感的羊毛大衣，气定神闲地坐着喝咖啡……这些内容所呈现的状态离读者太远了。”

听后我笑了笑对他说：“你可知道，当我还是个学生的时候，穷得连吃饭都捉襟见肘，甚至穷得躲过收牛奶钱的人。每当看到我文中描述的那样的姑娘出现时，我心潮澎湃，动力倍增，这种感觉就像是一种精神牙祭一样鞭策和慰藉着我，在我迷茫、颓废、不知所措、想退回成仓鼠时，给我受用地一击。她们代表的不仅仅是她们，而是一个穷小孩对于一种好的生活状态的渴望……这样说，你还会觉得跟读者没有关系吗？”

请相信，但凡你经历的，都不会毫无意义

还记得电视剧《士兵突击》吗？里面的主人公许三多说过一句话：人活着就要做有意义的事情。他还天真地说：打牌没意义。不过后来他的领导想要教会他，其实打牌也是有意义的。

在人生这条长河中，不只是那些让你有所收获、让你慰藉、让你倾倒和沉醉的事情才有意义。

很多时候，那些让你痛苦不堪、不舒服、惴惴不安的人和事，经历过后，却是一笔无比珍贵的财富，因为你在这些经历中学会了既不过分评头论足，也不会欺骗自己，相信任何事情无论好坏，都不会是徒劳的，你所有的过往，塑造和成就了现在的你。

2009 年夏天，我拿着一张其他城市的大学录取通知书，孤身一人来到北京，在向往的大学校门前留了一张影，然后把通知书撕成碎片，扔向天空，回到四川，让自己再次走在没日没夜的复读路。

第一年我考试失利了，无法满足自己的预期来北京这座城市读书。于是，在我寒窗苦读 18 年的同窗晒出了下一个征程的壮志豪言时，我躲在宿舍里面哭得泣不成声。

那是一种绝望的哭泣。我来自四川的五线小城市，那时城镇居民加起来总数不过 30 万人，在偌大的地图上面，拿着放大镜，都不一定找得出它的位置。它背靠高山，山的另一头是更加高耸入云、连绵不绝的峰峦。所以，人们总是从这里走出去，再也不会回来，很少会有外面的人，愿意走进来。

我们一代一代的人从小被灌输，知识才能改变命运，想要出人头地，就必须考出去。

所以，一次高考的落榜，绝不仅仅意味着与向往的学校无缘，更多的意味着无人接纳你，而无人接纳的后果就是你可能从此走不出去，遇不到你想要找的人，过不了你所期待的生活。满腔热血和抱负，就会被无人接纳泯灭耗尽。

重复的事情会磨灭一个人的心性，而那一年，我一边重复着学业上的积累和难题，一边重复着精神上的高压和恐惧。我从 12 岁那一年知道这个世界上居然有这样一种神奇的东西，让人喝了之后可以精神亢奋，更高效地工作和学习，没错，是咖啡，可我没想到的是，这一喝，就是十多年。

在第一个高三，晚睡早起，经常到了中午困意无法阻挡，于是就喝咖啡，一天三四包，我曾一度安慰自己说，没事，挺过这一年，我一定对你（内心的自己）好点。可事实证明，这是我说过的最不靠谱的话。第二年的高三，我一如既往地喝，甚至变本加厉。

在那一年的很多夜晚，我经常被不会的题目憋得泪流满面，经常一边用拼命地抽泣换取呼吸，一边嘴里念念有词地背诵着历史课本的知识点。尽管，我曾信誓旦旦地许诺过，要对自己好点。

复读带给我的，是后面好多年都挥之不去的噩梦，是的，到现在，我还会经常梦见自己又再次回到高考考场上，那种因为一道题目不会做，一张机读卡忘记填，而随即产生的对于没有书读，走不出去的恐惧还仍然会在胸口燃起一阵闷声闷气地痛。

而复读带给我的意义，更多的是明知道现状很差，结果无法预料，前方没有人可以问路、依靠，但为了心里那隐隐灼痛的梦想，还是要忍着痛和迷惘，不计成本地往前走的狠劲儿。

它就是在被现实不断挑战面前，还敢于一如既往坚持自己想要的东西不妥协的韧性。这种韧性，不一定会在眼下显现出惊人的成绩和结果，但一定会在一个更广的维度和更远的时间长河中，以它的方式向你展现出不可小觑的力量。

这种韧性，我保持到现在。

因为它，我做到了在很多人看来还算不错的成绩。从进入大学面对一群来自大城市的同学，对英剧、美剧、Photoshop 一无所知，只知道文理综、四六级，到自己拿着单反相机到国贸桥街拍，自荐到一线广告公司做 Copy；自学托福考了一个不错的成绩，去最大的培训机构任教；一个人跑去台湾，一边旅行一边进货开自己的小店。

这一切在别人看来，似乎是一个天性果敢、独立、有闯劲的人才会做的事情。实则是，一个经历了许多坎坷，在每一次难题面前不屈服于妥协，内心揉着股韧性、天性胆小的人的升华。我不是个急功近利的人，但却是一个对想要的东西有强烈意志力去争取的人。

前不久，一个同事拿着我去年出版的小说找我聊天，他好奇地问道，你一天怎么会有那么多时间，白天忙工作，再除去往返的路程时间，你难道不睡觉的吗？

我笑道，你说对了，差不多是少睡觉吧。但其实这对我来说是件比一般人来说更难的事情，因为我从小就是嗜睡体质。一路走来我想尽一切办法与它做斗争，就是为了换来多一点的时间，让自己变成想要的样子。

也多亏了有复读那一年的经历，让我懂得对失而复得的珍惜，用力争取的敬意。对于磨难有了更加厚重的理解，所以我学会了就算前路一片迷惘，用心灯去照亮方向。

我刚开始写小说的时候，经常连续几个周末把自己关在家里，不出门，就是想要完成一个精彩的故事。然而投稿经常石沉大海。我也曾一度迷惘过，还要继续吗？自己是不是找虐？那种付诸了心血凝成的故事和文字，在一片看不到前路的大海上翱翔，我说不出，终即是港。

曾经听过这样一个说法，当你对于一件事情的渴望程度如同你对于呼吸的渴望一样强烈时，那么结局自然就不会太差了。

所以拒稿和杳无音信，让我坚信了两件事情，一件是自己有多么强烈地渴望它能够被看见，另一件是自己的方式方法可能用错了。所以带着长期形成的韧性，我反复锤炼，优化结构，寻求更新更好的故事点。于是才有了第一部小说的出版和后面几部小说的落定。

杨朔说过，作为一个人，要是不经历过人世上的悲欢离合，不跟生活打过交手仗，就不可能真正懂得人生的意义。

从复读那年开始，我比我的同龄人进入社会整整晚了一年，而与我同一批进入社会参加工作的人来说，我比他们少了更多的资历。如果这是一场PK，那么选手先天并不是势均力敌的，相比之下，我少了背景和充裕的时间，多了复读那一年惨痛不堪的心理压力和精神创伤，看上去似乎在这个阶段的博弈上，没有任何胜算的机会。

但就如同《爆裂鼓手》里的一句台词，你走进来的时候是替补，谁能想到你就是新的核心？

没有任何经历是毫无意义的，只是你要善于去抓住它留给你的最亮点的价值。你所经历的所有东西，无论好坏，都会以一种你无法预期的方式作用于你生活的后方。如果眼下的经历，并不是那么如你所愿，也大可不必为此颓废和自暴自弃。每一个努力争取的人都值得敬畏，每一个认真生活的人都值得过上更好的生活。人生只有走出来的美丽，没有等出来的辉煌。真正能让你倒下的，不是对手，而是你绝望的内心。

所以，请感谢你人生中的每一次经历，日常生活的每次经历都充满奇遇，待你去挖掘和发现更多的意义。

就算 30 岁，你也该有突破平凡生活的勇气

前年过年回家，在聚餐的饭桌上见到姐姐，她已经是三岁半孩子的母亲。他们家换了一辆新车，正计划买第二套房子。姐姐和姐夫人到中年，有些发福，口中讲的话从前些年流行的电视剧、好看的新款衣服，变成了学区房、培训班、上小课要多少钱。

他们问我，最近在忙什么。

我特别开心地跟他们说，刚换了一家公司……

还没等我说完，他们打断我。让我说正事，什么时候结婚，什么时候要小孩，打不打算回来。

我说暂时没有以上打算，还想去做更多尝试。

姐姐看着我，没有说话，但是眼神里闪烁着一种不可理喻的神情，像是在说，怎么能这样没有规划地生活，还是没长大，太年轻，过几年，你就会懂了……

我有千万个理由去告诉她我的生活不是没规划，但我却选择什么都不说。有时候，最远的距离不外乎你用尽心力去描述你在

乎的事情，可对方却因为不了解而嗤之以鼻。

回想起来，我已经记不清有多少次，当我雄心满满想要去做成一件事情时，周围的人总喜欢对我说，你可以去争取，不过，过几年你就懂了，争取与否都是一样的……有时候我甚至觉得他们讲出这句话，更像是等着有一天我很认同地回答说，“是的，你说对了，我总算懂了，努力真的没有用！”

2008 年夏天，我住在四川老家的露天帐篷里，在蚊蝇、炎热天气、毫无征兆的余震陪伴下，手捧着挤满笔记的历史课本，就好像是捧着自己的整个人生。

到现在我还记得地震完的那一瞬间，被吓得惊慌失措的自己，挤出来的第一句话竟然是：

“李老师，下午还上课吗？”

面对满街道惊慌失措的人，以及整个城市在巨大的震颤后的手足无措，我问出的第一句话却是这样的。现在想来，对于一个生在平凡的小县城的人来说，考出去，去到北上广这样的城市，是唯一可能改变原有生活方式的途径。

可因为这场突如其来的地震，我没有书读了，没有家回了，连下一顿饭怎么吃都成了问题。

我和家人，连同若干个流离失所的家庭，在临时避难广场上生活，剧烈的余震不断，惊悚的传言不断，关于明天，关于将来，没有人能够说得出来。我经常莫名地慌张，睡不着觉，担心自己没有书念，害怕不能开学而无法高考毕业，担心走不出去，被捆缚起来。那时候四川的天，总笼罩在一层厚厚的灰白色的云下面，给人一种无法抗拒的窒息感，好像把梦想隔绝了开来。

可谁都没有想到，在这样恶劣的环境下，我竟然会选择复读，因为没有能够如愿以偿去到自己想去的城市。到现在我依然记得姐姐对我讲过的一段话：

“差不多有个学校读就行了，一个女孩子，何必这么拼。过几年你就懂了，不管在哪里，上什么样的学校，其实最后还不是都差不多地过日子。”

“不懂，我也不需要懂。”我非常不解地看着她。

经历了连续两年高考的高压折磨，我获得了前往梦寐以求的城市学习的通行证，拿着一张通知书，一只箱子，只身来到北京。这个过程让我更加坚定自己的想法，没有所谓的想要去懂，只要你肯努力，一切都是有可能的。

被生活打败，是那些懦弱和懒惰的人为自己找的最没有水准的借口。

这是当时对我姐那句话的回应，我不想让自己成为一个懒人。所以大学几年，我像一个“清教徒”一样生活着，7 点起床，自习、温习、请教老师。报了德语班、参加英语角、兼职、学习延时摄影、参加模拟联合国和吉他社兴趣活动、在学生会里面争做了干事……

大一那一年有个本地的同学对我说，想在北京立足很难，大部分外地来读书的人最终都回去了，因为他们谁也不认识，毕业没地方去更耗不起，连个面试的机会都等不到就被迫回去了。

我害怕极了，这种害怕就像是一个定时炸弹，在我想像他们一样跟随感觉、放纵自己，在宿舍看片、外出逛街时，用一种隐隐作痛的力量刺痛我、提醒我：你这样，到时候就得背包走人了，这让我不寒而栗。

我惴惴不安地过完了一个学期又一个学期，力求在每件事情上做到最好，遇到不会做的事情受挫时，会被拿不到入场券吓得泪流满面。就这样赤手空拳地和名校毕业的人站在一起，竞争同一个一线公司岗位。说实话，或许我懂得真的不如他们多，背景也没有他们闪亮，但是因为内心深处有一种空洞的恐惧感，让我不顾一切想要去争取，于是忘记了丢脸、挫败和拒绝。

临近毕业前一个月，我终于如愿以偿拿到了国内一线互联网公司的职位，获得了高出同期很多其他院系毕业生的工资。有能力在这座城市的某个角落，找一个住所，安置自己的恐惧，这种感觉是很奇妙的，每个月你有固定且不算低额的收入入账，你可以拿着工资去买喜欢的东西、去想去的地方、送给父母最好的礼物，一定会有那么一段时间，你会为你有能力去支付这些而感到无比地满意。

甚至还会有一种错觉，好像自己已经出人头地了。更觉得姐姐的那句话是无中生有，毫无意义。

但其实那只是个短暂的假象，生活总会把你叫醒，不管用一种什么样的方式。

你会发现其实你只是运气恰巧不错，找到了一个稍微可以高价出售自己时间的活路，而这种活路并不是长久不变的，出入在高级写字楼的你，本质还是没有变，你不得不每年过年连续赶十几个小时的路程才能回到一个在地图上都不一定找得到的家乡，你引以为傲的收入绝大多数需要奉献给一个叫房东的角色。你并没有真正成为你生活的主人，相反，你被它控制，在这种控制下，你对生活有无数种美好的遐想，但它却不会轻易让你完成任何一件。

然后你突然明白，果然，生活的确是这样，你好像懂了一点什么……但是却有不甘，你知道生活不是你想象的样子，你更不想按照它设想的方式生活，你不想变成你讨厌的样子，你也不想成为任何契约的奴隶，你不想被标签为千篇一律。你还是希望能保留一点情怀，有点诗和远方；你希望别人可以全面地认识你是谁，而不是把你等同于一种身份。

这时你会忍不住去想，难道真如他们所说，过几年，自己就真的懂了什么？

在北京第七个年头，犹记得大学毕业进入公司第一年，是个夏天，我跟一位同事姐姐吃完饭在公司外面遛弯。

6月份的天空到了七八点钟还是有半片被染得红红的。我问她，你在北京待了几年了？

她径直往前走着没有抬头，说，七年了。

呵！竟然七年了。听着挺可怕的，不是吗？之前听人说过，七年就是一辈子。你的身体，七年会发生变化。

可今年，我在这座城市，也足足有七年了。回到家，和同学朋友见面，他们总是瞪着眼睛，惊讶地问我，你这样总是待在家里看书写作，难道不孤独吗？你难道，没有想过要回来吗？

会不会孤独和要不要回来，难道不是所有漂族面临亲友甚至面对自我拷问所要去回答的首要问题吗？

其实，你的经历会改变你的认知，而你的认知会让你养成或者调整你的习惯，你的习惯就慢慢变成了你本人。同样是七年；在老家县城和家人待在一起是一种七年，去外地，和完全不认识的人相遇在一座追梦的城市里也是一种七年。只是经历的不同决定了认知的不同罢了。

我很难用一两句话概括总结这期间我的生活经历了什么，很难解释说因为这些经历我的心态发什么了什么变化。

我只知道，所有的磨砺、不安和不确定带来的恐慌，让我看待世界的方式改变了，对于结果，不是“必须这样”，而更多的是，就算不是这样，也要尽力争取。

我带着一只箱子，几件衣服，从北京东南角搬到北五环、西五环、又再次返回北边，从广告业转到培训业、成为 IT 人员、自己开店、再到开始写故事。我结识过人生经历传奇的画家、背着家人去三里屯夜店玩耍的叛逆少年、时运不佳但却胸怀梦想的导演……

但是还是要努力去争取。当你慌张、迷惘、不知所措和害怕时，周围的人跟你一样，我们带着“我是谁，为什么而来”的疑问来到这个世界，也将此作为一生所要去践行的真谛，不断去问，不断去了解。

前段时间看到有人提出一些质疑，生活到底该是什么样子的？买车买房结婚生子这些看似生活标配的东西，是不是真的就应该让每个人都顺从它去过生活？

我不禁想到王小波的《有与无》里，对于生活这件事情，是这样界定的：

“做爱做的事情就是有，做说不出理由的事情就是无。生活是应该由无数个有组合而成的一连串意义，而不是被一连串说不清、道不明的无设置。有一种说法是这样的，人在年轻的时候，心气总是很高的，最后总要向现实投降。我刚过了 44 岁生日，在这个年龄上给自己做结论似乎还为时过早。但我总觉得，我这一生绝不会向虚无投降。我会一直战斗到死。”

记得高晓松在最新的奇葩大会里，说过这样一句话，我们早晚会被生活打败，当你坚持到下半场的时候，换人名额用完，体力用光，最终还是会被生活打败。所以当你有能力的时候。一定要狠踹生活，因为生活绝不会因为你胆小怯懦，什么都没干，而饶了你。

没错，我们终将发现，生活并不是你想的那个样子，曾经满腔热血想要通过自己努力、赤手空拳改变所处阶级、状况、命运的初衷，在经历生活的反复打磨之后，你可能会发现，你无法改变的还是没有改变，你不能选择的还是无法选择。

但是被打败既是一种状态，也是一种选择。经历过所有的折腾、挣扎之后，你可能会发现生活以一种无法抗拒的姿态凌驾于你之上，它可能高出你的掌控范围，可能让你无法企及，但是最终要不要选择彻底的妥协，要不要继续抗争挣扎，并不真的取决于它。

就算真的被生活所踹，名额用完，体力耗尽，但要不要选择投降，却是另外一回事。你始终可以带着初心过活，不管生活待你怎样。

人活着，总是需要有个主题

读《爱丽丝奇境漫游记》看到这样一段对话，多年后拿出来回味，还是觉得它充满哲理。

“请告诉我，我应该从这里往哪里走？”

“那可得取决于您想去哪里。”

“去哪里我都无所谓。”

“那么您走哪条路都行。”

去年 12 月 28 日，我在火车站送别了我大学同学兼老乡孙伟。那天天气不是特别冷，但很阴沉，就像预感到这是一场旷世分别一样，是的，孙伟离开了北京，不当北漂了，再也不回来了。

小时候我调皮，经常在电视机里学到什么新词汇，在没弄明白什么意思的时候，就拿出来当着大人大声吼，所以我对着大人说出句“永别了”，然后被莫名其妙地打了一顿之后，我都不知道自己做错了什么。

因为那时在我看来，分别，永别，都是和再见差不多的意思，就是嘴上说的和实际做的不一样，周末跟姐姐说完再见，周一还可以再见到。后来慢慢长大，认了更多字，这才意识到，自己那时说出了多么严重的一个词。

但是不知道为什么，那天在火车站送别孙伟的时候，却在心里不断念叨这个词：“永别了，孙伟……孙伟，永别了。”

作为北漂，火车站是一年一度会经历的地方，它是那么熟悉，又那么让人抗拒，就像是两个孤立的点，连接着你的过去和现在，中间通过的路程就是你的过往。

按理说，“你好”、“再见”这种词语在日常生活中应当已成习惯，可是那天在火车站送别孙伟时，我却异于平常的难过。因为我看到的，并不是一个人从一个地方去到另一个地方，而是一个人终究没有战胜现实的各种考验，选择妥协，选择倦鸟归巢。

临走时，我和孙伟各自对对方说了一句话。

我说：“保重，以后还想漂，再回来，北京欢迎你……”

他说：“好好奋斗，要实在累了，就回老家，外面的月亮也不总比家里的圆……”

然后车开了，缓缓离我远去。然而我们谁都知道，分别时留给彼此的话，其实都是不会去做的，这才是我觉得可怕的地方，也是为什么我觉得这场分别，更像是永别的感觉。

孙伟是个高才生，从小到大都是，相比我来说，他有太多得天独厚的优势。大学期间分数高，轻轻松松就能拿到好名次，拿一等奖学金，学的专业是金融。以他的背景和资历，毕业之后在金融街找一份体面高薪的工作，绝不是难事。

但他却选择了离开，在还未拉开帷幕前离开。我曾经也问过他，有这么好的资历为什么不选择在北京好好打拼一下？毕竟对于小城市的人来说，走出来比返回去要困难得多。

而他却是这样跟我说的："我知道以我的资历，可以找到一份薪水还不错的工作，可那又能怎样呢？房价那么高，我再怎么挣，也挣不赢房价啊。而且一想到要在这样一个无依无靠的地方自立门户，甚至成家立业，我觉得太可怕了。我无法想象那会是多么让人窒息的一种景象。

与其如此，我还不如选择回到我可控和熟悉的环境，这样幸福来得更容易一些，不是吗？"

我不说话，却想到了王小波说过的一句话，人活着总要有个主题，使你魂梦系之。如果说回到老家过着稳定标配的日子，对孙伟来说是属于他生命中的主题，那么我想他是幸福的。

如果回去只是他选择逃避现状和规避风险的一种方式，最终他也不知道自己的主题到底是什么，那么问题就比较麻烦了。

前不久，我妈妈的一个朋友托我打听北京某家公司的发展前景，说她家刚毕业的侄女准备过来试试机会。这个姑娘挺有闯劲，虽然不是在北京读的书，但是对于来到一个全然陌生和不可控的环境却一点不抗拒。

在我提供了一番建议和她自己收集的资料情况下，她权衡了利弊，第二周就买了北上的火车票，就这么“堂而皇之”地北漂了。我问她，就这么来了，不害怕吗？她回答我说，有什么好怕的，大家以后都会死去，可现在大家不都还好好活着呢吗？

一时间，我特别感动，好像看到当年的自己。高考填志愿的时候，我以所有人无法理解的方式，在一类学校中，只填写了一所高校，在这所高校所提供的专业中，只选择了一门专业，并且拒绝服从调剂。

这件事成为日后很长一段时间别人另眼看我的谈资，天呐，你怎么就知道你会被录取，万一这所学校拒绝你了，那岂不是要重来一遍？

可说句实在话，这问题我真的没有想过。我心里只是执着于一个强烈的愿望，就是无论如何，要去北京读书。所以沿着这个目标，穷尽所有途径和方式，为它服务，为它找出路。就好比这个女孩一样，就是要来北京工作，哪怕她对这里一无所知。

这周末去电影院看了《血战钢锯岭》这部电影，剧情和电影结构暂且不评说，我就讲其中让我很有共鸣的一幕。道斯在钢锯岭上，孤身一人，没有一枪一弹，赤身肉搏，不顾日军多次扫荡奋力救援，然后他救下了 75 名本来可能因为无人救援就此牺牲的战友。

当然电影主旨会去烘托和强调强大的信仰和原则，所以他能够战胜一切恐惧和死亡抗争，并且去救援其他生命。但是我看到的是，当他经历了无数个和死神擦边的惊险，被救援到安全地带后，那种真实、厚重的后恐惧感。这才是人最真实的写照。

后恐惧不是说没有恐惧，而是在最为可怕的事情发生过后，一个人流露出来的精神上受到惊吓极度害怕的情形。这至少说明两个问题，拥有强大意志和信仰的人，也会害怕；害怕是可以被滞后处理，暂时遗忘的。

我们所有的信仰，如一首歌、一本书、一个人、一种价值观念，都是为了不断强化和巩固信仰的。信仰是用来做什么的？是用在现实生活所有不势均力敌的对抗中，成为你精神后盾和支撑的。

但我更想说的是后面那一点，害怕是可以被滞后处理的。

孙伟离开时，他还认为我真的喜欢北漂的生活，对高压力、多变化、独自面对一切问题很有兴趣。但其实他错了，我只是在每一个关键点、风险点、决策点，需要拿出勇气、信仰来抗争风险、困难，选择让害怕滞后罢了，即不去想结果。

之所以选择在这里，不是因为真的喜欢，而是为了响应自己内心的召唤，我必须在这里。

不去想结果并不是说只看眼前，这样会想得不够全面，无法预见。在这里的意思是当你有主题的时候，你不害怕反而会充满期待，而有所期待时，人才会快乐，也最不容易被打败。

就比如说，我决心离开培训行业，找下一个职业方向时，走得很坚决，在发出离职邮件时，我并没有找到下家，更不知道下一个职业方向是什么。我不知道什么是对的，但是很清楚留在这里继续做肯定是不对的。

很久之前看一个大佬接受采访，问他面对几十亿元的项目投资做决策时，会不会害怕。他的回答我很喜欢：

“当然会害怕，这可是货真价实的钱啊，但是害怕与能否投对项目这件事，一毛钱关系也没有啊。那你说，害怕究竟有什么用？”

对可能存在风险的害怕，是我们很正常的条件反射，是理性认知中对于事物分析、判断的结果。理性往往会支配和控制着权衡，权衡必将关乎对错、行动、取舍；有效地行动，可预见范围的支取。

但很多时候，促使你勇往直前、不顾一切，并且最终获得胜利的，是一种说不清、道不明的非理性因素，比如滞后恐惧，相信它就那么简单，并不难做到。然后你就硬着头皮上了。滞后恐惧，迎难而上。

因为有主题在耳畔奏响，所以你走得更加有力量。

就像米兰·昆德拉说过的：

“人生如同谱写乐章，人在美感的引导下，把偶然的事件变成一个主题，然后记录在生命的乐章中。犹如作曲家谱写奏鸣曲的主旋律，人生的主题也在反复出现、重演、修正、延展。”

所以，让自己拥有一个主题，并且魂梦系之。

CHAPTER 02

像蚂蚁一样工作，像蝴蝶一样生活

人越大越应该知道哪里是不该丢掉的战场。你是对是错，永远不取决于外界的认同或者反对，当才华无法滋养梦想时，先酝酿你的储备的土壤，重构自己的知识与认知。

毕业头几年，决定了你的职业天花板

经常有人会问我这样的问题，毕业后想进入一线互联网公司做产品经理，毕业季应该如何准备？也有类似这样的提问，我想要找一线公司的工作机会，有什么方法、看什么书能帮助我实现这个目标？

经历过数百场校招面试，跟来自国内外不同专业、不同院校的人过招之后，我强烈地意识到，毕业时的求职结果在很大程度上取决于你在读时期的全部经历和认知，而为优质岗位争夺的激烈竞争早在入学的时候就悄然展开了。

1．早行者

大四毕业找工作前夕，身边很多同学开始制作他们人生中的第一份简历，没有太多经验，开始请教老师和同学。身边确实有不少这样的例子，大四时候的实习简历是他们的第一份简历，面试也是第一次面试。带着像白纸一样的神情参加各大企业的面试，跟那些早就在大型公司做过实习、兼职的人去竞争一个岗位，最后的结果，可想而知。

我的第一份简历制作于大一上学期，用于应聘一份 PR 实习生的工作。说实话，任何事情没有人从一开始就会做，都是在不断试错的经历中总结和提炼的。那时不会写简历，动笔写了几行就发现写不下去了。

思考之后我想到了两个思路，第一是反复对照招聘岗位的要求，并换成招聘方的视角去思考，每一项要求列举出其背后的用意是什么，他们想要招什么样的人。换位思考，是解决很多问题的捷径。

第二，我想办法找到做此类岗位的高年级学长、学姐的联系方式，并向他们要来了简历进行对比，借鉴他们的简历形式，建立自己第一份简历模板。在这个过程中我意识到，好的简历是有所为有所不为的。

并不是所有你认为好的、可以彰显个性的东西往简历上写，也并不是写得越多的简历就越好。有的放矢地提炼最能展现你业务能力和执行能力的关键信息才是最主要的。

面试时也是同样的道理。

很多人问我，如何在面试过程中做到像你那样轻松自如，随性发挥？其实最初我也并不能如此轻松地掌握这项技能。只是在我先带着疑问和不足练习过了。

在正式找工作之前，我参加过多次面试，有培训机构的、有公关公司的，还有媒体杂志的。记得第一次参加完一个面试之后，被问及一个知识储备以外的问题时，当时心理素质和处理方式方法还不完善的我，立刻语无伦次、面红耳赤起来。

那次语无伦次和面红耳赤的经历虽然让我备受打击了好一阵，但也及时地让我感受到面试过程中与面试官思想交锋和碰撞的刺激，意识到知识面储备和临场应急把话题引到自己擅长的领域的重要性。

我做了深刻的反思和总结，并把这次教训当成宝贵的经验。后来在无数次大企业面试中，再碰到类似的情况，就可以轻车熟路地化解了。

做一个早行者，可以提早地暴露问题并且找到适合自己的解决方案。

2. “清教徒”

读高三的时候班主任给我们请来了一个学长做分享。他高考发挥失利，去了一所二类大学。很多人认为一张试卷定终身，一次成败分胜负。

但他却不这么想。

进入大学之后，虽然没有清华、北大这样一线的平台，他却自己创造机会，像一个“清教徒”一样拼命地摄取知识和信息。

每天花大量的时间在图书馆看书、研究课题，课下参加校外分享活动。

当周围的同学在为失恋买醉、为相恋狂欢，为游戏玩得不亦乐乎时，他已经以优异的成绩获得了北大研究生保送名额。

尽管刚开始是进入了二类学校学习，但毕业时，他的起点已经完全不同了。

很多时候，人需要一些类似清教徒一样的定力与意志，排除其他的干扰和诱惑，专注于内心的小小领地，去不断耕耘和完善。

3. 偏执狂

还有一位朋友，他大二的时候已经是某家一线咨询公司的自由职业者，开始接各种案子，并且在校内广泛参加工作组织和活动，曾经代表学校去新加坡开展学术交流。

他立志成为一名一线优质咨询师，并为此努力奋斗，甚至走在街上看到任何一件商品都会忍不住去构思这件商品是否还有更好的售卖方式，方案是什么，有什么差异化。

这使我想到马云，大家都知道他的英语很好，但这并不是因为他是师范生的缘故。为了练好口语，他曾经在西湖边上与前来旅行的外国游客对话。甚至为了防止被他们拒绝，他竟然拿着书在那里念，并故意把一些词的发音读得很奇怪。

这样一来，一些外国朋友听见了就会忍不住前来纠正发音。

于是聊天和沟通就自然展开了。

偏执狂身上有一种品质，但凡他们认定的东西，就不会轻易放弃或者调转方向。持续地在一个领域耕耘，早做准备，你的知识储备和见解自然远高于其他没做准备的人。

并不是说为了在毕业时得到一份优质的工作，就让你完全抛开个人偏好和性格特征，把自己变成早行者、清教徒和偏执狂。这三点只是从众多成功人士身上归纳和吸取的共同点。

我们完全不必为了成为这样的人而刻意为之，但是需要明白的事情是，任何一个成功的人、成功的案例背后绝非是偶然因素作为的结果，求职是这样，跳槽是这样，转行、创业亦如是。

如果按照自己原来的习惯和方式去学习和生活，跳不出舒适区，则很难有大的突破。所以如果你有目标，那么不妨试试学习早行者、清教徒和偏执狂身上的一些特质。

非科班出身，我曾这样学好了一门外语

几年前跟朋友去后海游玩，偶然间走进了宋庆龄的故居，便开始了一次很有意义的参观。除了园子雅致的布置、图书馆海量的藏书外，最让我印象深刻的，是宋庆龄先生熟练地掌握了好几门语言，并且经常用其他国家的语言通信。

那时候我正在备考托福，看到这些对我触动非常大，试想在现在这样一个信息获取急速便利的时代，我们连除了母语外的一门语言都掌握不好，更别提好几门语言了。

安德斯·艾利克森在《刻意练习》中说过，将杰出人物和我们其他人区分开来的主要因素是：他们经过年复一年的练习，已经改变了大脑中的神经回路，以创建高度专业化的心理表征，这些心理表征反过来使得令人难以置信的记忆、规律的识别、问题的解决等成为可能。

我们大部分人是怎么学习英语的呢？

在读书的时候，我们只是认为，英语和语文、数学权重相当，因此不得不努力提高英语分数。所以为了这个分数，不断地积累、练习，做重复的训练，以提高得分。

然而实际情况却是，机械地记忆而非实际地掌握如何运用，这就导致了很多人学得是哑巴英语，说不出来。如果将录音带换成语速稍快、发音地道的国外录音后，就会发现连听都听不明白。

到了大学，如果学的不是英语专业，又不太涉及这块的应用，那么对付完四六级之后，很快就会对这项语言变得陌生。

学好一门外语有多重要？

尚且不说那些准备出国留学、工作、移民的人，英语作为一个硬性指标，左右着他们是否能够拿到进场资格。

在现实生活中，学好英语的作用也不可小觑。

举两个自己的亲身经历。第一个是，在大四临近毕业的时刻，很多人都在为找工作发愁，那段时间，在找到一份正式的工作前，大家都是没有收入的。然而，因为我事先对英语有刻意地练习和储备，并且高分通过了托福考试。所以，我在那段时间找到一份托福授课兼职的工作，于是一边有一些收入作补贴，一边找工作。心没有那么慌。

第二个是，刚工作进入第一团队时，正巧项目要跟国外的一家公司牵线合作，需要写一封言辞准确并且表达地道的英文邮件。

当时团队大部分人都没有勇气争取这个机会。但因为先前有托福写作的基础，并且也有长达一年半的托福写作课程授课经验，于是我果断地争取了这次机会，并出色地完成了这项任务，获得了同事的好评，并得到了领导的赏识。

除此之外，当你出国旅游，结识外国朋友，甚至看美剧时，好的英语水平和底子都能够给你带来更加愉悦的精神体验。

就像俗话说的那样，技多不压身。谁都不知道未来会不会在一个无法预知的时刻，就需要自己通过某项非本专业的技能来养活自己呢。

那么对于非科班出身的人，到底如何才能学好一门外语，以及如何衡量学得好不好呢？这里我以英语为例，因为语言学习具有共通性，因此其他语言也可以作为参照。

多年的习得经验让我领悟到学习一门语言的方法有三个，首先最好的方法是去教授；其次是实际环境中演练；最后是依托一门考试作为敦促的外力去学习。

对于大部分人来说，一开始就去教授英语，或者有机会去到说英语的环境下学习，是不太现实的。因此我重点说一说第三种方式，依托一门考试去学习。

为什么一定是考试呢？难道自学或者看电影、报个兴趣班不行吗？

这里我要说明一下，在应试教育和通识教育两者相比较下，我更看好通识教育。所以这里提倡考试并不是推崇应试，而是在明确想学习一门外语作为技能和日常应用的目标下，用一门考试来作为外力敦促，这里还有两点额外的说明。

这门考试类型需要做筛选，不是任何考试都适合用来作为外力督促的，要和学习的目标相匹配。

考试只是手段，没有一个考试时间限制和分数衡量，大部分人较难克服惰性长期学习。

如果是希望专业学习，甚至后续从事对口的工作，比如翻译、同传，那么就应该对应选择英语类专业接受系统教学。这一类型在本书不作详细介绍。

而如果只是希望可以更好地掌握这门语言，在需要运用的时候能够拿出来派上用场，这是我主要介绍的类型，也是当时我学习英语的一个目标所在。

在这个目标的指引下，我从众多考试类型，比如专四、专六、三级口译、二级口译、托福、托业、雅思等中选择了托福。

新托福考题类型更为全面和综合，也更有难度，最为重要的是实际运用的考查目标更强，对于出国留学申请主要适用于北美地区，加之喜欢美式发音，因此选择了托福作为一个考试目标。

选择了目标之后就要开始讨论如何学习，是报班？线上听课？还是自学？

我的建议是，如果你时间充足并且有机会脱产，可以通过自学的方式进行。网站和相关学习论坛上的资料非常多，甚至针对托福的入门介绍 OG（托福考试官方指南）内容也很详细，完全可以帮助你带着疑问和题目去了解这门考试。

如果你是上班族，没有那么多时间去收集这些资料，那么也可以通过语言培训班学习和了解。但需要注意，报班的目的是通过老师授课让你系统了解这门考试，节省你自我研究和学习的时间，但是它绝不能代替自我学习的部分，也就是说，上课只是帮助你快速了解，只能节省你搜索资料和总结方法的时间，帮助你少走弯路，但绝不能替代你用功积累和学习。

我选择的是前者。

用了半年时间自学，最终托福考试以 115 分（满分 120 分）圆满落幕。

这里我先需要说一下我当时的英语水平，高考大概是 130 分，分数不算特别高，进入大学之后分到英语快班进行学习，所谓的快班，就是比中班早半年、比慢班早一年考四、六级考试。总之，在备考托福之前，我认为自己的英语水平真的一般。除了口音上略微带着一点美式口音，但是并不纯正，其他并没有多少为考试带来加分的项目。

如何在这样的英语基础上获得学习甚至获得高分呢？

1．你得有一个目标

考托福之前，经常会听到周围同学议论，“你准备考 100 分以上？”“他的学校必须考 90 分以上。”等等。托福跟其他考试不一样，你必须要有一个分数范围的目标，因为不同层级的分数意味着你在备考时所需付出的时间、方式和精力以及最终实际应用水平将不同。

这里赘述一下，如果你通过自己的全面准备考到 100 分以上，那么一定程度上说明在国外环境基础的听说读几个模块，你不会有太大问题。因为托福是一门很看重实际运用的考试。

对于目标的制定我给一些个人的建议，在申请学校的时候，会对分数做一些要求。比如 TOP20 的学校需要多少分，艺术类学校需要多少分。在大部分培训学校，老师会对你说，既然你目标定的是这个，那你就奔着这个去好了。

但我在备考托福时的心态可能有点不太一样，因为我没有任何一所学校的压力，也并不准备出国，就是想考！当时仅想把它当作一个额外的鞭策方式，来更好地体会和学习这门语言，所以在没有任何学校分数要求的前提下，我给自己定的目标是110分以上。

但关于目标我多说一点，语言学习最终还是要会用且用好。当初我也想过用其他方式把英语学好，所谓的学好，就是能在还没有出国的情况下较为标准地发音，听懂美剧、广播里面人物的对话，可以自由阅读英文小说、刊物以及能够随意写出一篇别人能读懂的论文。

但作为习惯了考试的我们，在没有一个既定时间、既定分数以及最为重要的巨额考试费用的压力下，人是很难有动力长期坚持的。这也是前面所说的用外力作为敦促的原因。

2．你得有几个导师

中学时期，听老师经常讲的一句话是“法乎其上”“求其上，得其中”。所以你需要找一个非常优秀的人，作为你前路的灯塔和目标。这样做有两个好处：第一，时刻有一个灯塔在前方鞭策你，你想懈怠的时候可以拿这个刺激自己；第二，他既然是很优秀的人，那么他通常是有丰富的资源和最新的资讯，可以方便你对考试进行了解。

我当时找了一个新东方的知名老师做导师，因为一来他年纪跟我差不多，二来他真的特别优秀，年纪轻轻就已经桃李满天下，并且成为ETS（美国教育考试服务中心）阅卷人。

另外值得一提的是，有一本书也算是我在备考期间的“精神牙祭”了，那就是李笑来的《把时间当朋友》。在看那本书之前我大概知道书的内容，所以我每天只读一小部分，比如关于拖延症的部分，如何克服犯困问题的部分。那段时间这本书对我来说，就像是精神上的考试指南，让我在茫然的时候也会有个方向。人都是这样子，走着走着就会忘记为什么走了。

3. 你需要知道的几个词

OG, 是 Official Guide 的简称。托福（TOEFL）考试中，OG 即是指 ETS 给出的应试指南，也是托福考试官方指南，里面详细地解释了托福考试的形式、规范，同时还附有一定的样题章节，你可以在对这门考试有一个了解的基础上，做几个题练练手。

如果做题的正确率不高，不要伤心也不要自我怀疑，因为可能是它的考题形式你还没有适应，这需要一段时间的集中训练；如果做题的正确率很高，也不要骄傲，毕竟 OG 上面的题目都非常简单，摘编的题目主要是往年题型，跟实际考试时候的题目相比，还是有一定差距的。

对于 OG 的建议是，初学时期一定要看。如果说任何一门考试都有一块敲门砖的话，那么 OG 就是托福考试的敲门砖。学习和准备任何一门考试的第一步并不是一味地将精力放在这门考试自己要定的目标，要考的分数以及每年的平均成绩上面，更多的是要尽快弄明白这个考试的规则。

没错，任何一件事情，诸如考试、面试、做生意、做项目、玩转一个行业等，都需要先弄明白规则。因为只有你充分、客观、准确地了解清楚你的对手和目标时，你才能够拿下它。

TPO，是英文 TOEFL Practice Online 的缩写，即托福在线考试练习，是为参加下一代托福考试 TOEFL iBT（Internet-based test），即网考托福考试的人，以及想要提高专业英语水平的学员提供的一个全真模拟托福网考考试平台。TPO 都是 ETS 之前考过的真题，对于考生考前模拟和复习具有很大的价值。

机经，指的是上机考试经验，最先起源于托福考试，即对上机考试题目的回忆总结。托福考试完全是上机考试作答，考生把它亲切地称为机经。机经内容含听力、阅读、写作及口语面试题目等，绝大多数是中文，其实就是刚下考场的考生凭借自己对于题目的回忆和记忆，将阅读、听力的大概内容，口语、写作的题目内容进行回忆和总结概括。

因为 ETS 出一套托福试题是有一定时间和规定限制的，所以对于大陆地区的考生来说可能会存在拿到的考试题是北美那边的，或者是之前考试试卷拼接的情况。

而目前市面上有大量的预测机构，会在每次参考之前开设一些考前机经的培训班。其用意一方面是让考生尽快进入考试状态，对题目和考试流程等有一个整体的准备和感觉；另一方面也是熟能生巧，多做一些必要的准备，以有备无患。

4．你需要知道的几本书

单词方面，这里推荐三本书。推荐指数从高到低依次递进，分别是《托福词汇精选》《21 天突破托福核心词汇》和《托福红宝书》。当然，更多的词汇是你在做题中遇到的，比如阅读词汇、听力词汇，都可以作为你完善自己词汇结构的途径和方式。另外，尤其需要强调的是，对于托福考试而言，四、六级词汇非常重要，尤其是四级词汇，需要加强巩固。

阅读方面，除了 OG 和 TPO 的题目外，额外的推荐有《GRE & GMAT 长难句分析》。

听力方面，除了 OG 和 TPO 的题目外，额外的推荐有老托福听力 93 篇。另外，想要挑战更高难度，旨在拿到听力满分的同学，还额外推荐一个资料："SSS"，即 Scientific American: 60-Second Science（俗称"三爱死"——SSS），以上网络均可下载。

口语方面，推荐《新托福口语真经》——新航道英语学习丛书，建议购买一套即可，主要熟悉题型和规则。

对于口语，我个人的建议是先摸清规则，即整个口语考试 6 道题每一道到底怎么答，出题人通过这几道简单的试题想考察什么，或换个角度，比如你认为什么样的答案才能得到高分。这个不多加赘述，最为关键的还是要在实际中去摸索规律。

而当知道和了解了规则之后，下一步就需要结合自己的实际情况开始对应式练习。口语得高分由以下几个因素决定：结构（即逻辑结构，你的回答必须要有观点，有例子，此处可参考写作的逻辑）+ 发音 + 词汇表达多样性。结构其实是偏理性层面的，通常情况下总分总的结构是比较适用的，这个可以通过大量的题目练习积累答题技巧。

而发音方面和词汇表达多样性方面，就需要长时间的积累了。这里建议首先学会自测，不妨用手机录下自己的声音，然后拿着这个录音去和美剧、电影里的演员发音做对比，看看你能否听出发音的差距。英语的发音有自身的节奏和韵律，就像是唱歌一样，有升有降，有自己的音调。

并不是说要拿下这门考试或者是取得高分，就一定要完整地学习完所有的资料，这个主要还是根据个人的基础和时间而定。最为重要的是，万事万物首先要摸清楚根源上的东西，找到相通的规律和规则，再因地制宜地选择性练习。

当然，资料只是走向成功的基石和武器，更多的是运用资料的方式和技巧。

如何挑选好书，做自己的知识管理专家

经常会有朋友在微博或者微信给我留言，问我有没有什么好书推荐？

通常情况下，哪怕手边有很多正在阅读并且觉得非常有意思的书籍我也不会立马推荐。我会先问他们一个问题，阅读书籍是准备做什么用，拓宽视野还是做某项垂直领域的研究？

在我看来这其实是需要做界定的问题。

关于读书，在很多人眼里绝对是一件值得称赞的事情。但是，在这样一个争分夺秒的时代，如果花时间在一本与你原计划方向相反的书籍上，虽然说没有直接的害处，但是它占据了你研读其他书籍的时间，这也是一件非常可怕的事情。

拿写作来举例子，如果你的目标是想要系统学习写作的技能或者进行有针对性的训练，那么推荐给你读的书籍除了各位名家的作品外，还应该有一些方法论总结的书籍，需要回答写作这门技艺是什么，你需要带着问题去研读。

如果你只是想阅读一些有意思的故事，看一些优美的文字怡情，那么一些想法独特的小说或者杂文作品是更好的选择。

这也是为什么每次我会先问那些让我推荐书籍的朋友诉求的原因。

但是，我曾经也遇到过这样一位朋友，他留言让我给他推荐一些我自己最近在看并觉得有些深度和可以拓宽思路的书籍。我就顺手推荐了几本正在研读的关于哲学和经济学方面的书籍。

然后对方很快回复我说，觉得这样的书籍很难读下去，有没有其他一些好读易读的书籍推荐。

我不禁想起梁文道曾说过，如果你一辈子只读你读得懂的书，那你其实没读过书。真正严格意义上的阅读总是困难的。你读完一本很困难的书，即使没有读懂，但是你的深度被拓展了。

实际上，我在研读的过程中，也会遇到一些非常生涩难懂的书籍。那样的书籍需要你集中注意力并且有很强的背景知识，以及知识多方向迁移的能力，你才可能把它研读下去。很多时候，就算你研读下去，也不一定立刻就能搞明白里面的深刻含义。尤其是你不太熟悉和擅长的领域。

比如在阅读《时间简史》时，会明显觉得要比阅读剧本写作等方向的书籍难懂得多。阅读过程中你稍不注意，就会走神，会读不下去，甚至内心会抗拒，产生拖延，甚至会找借口去做别的事情，而不是继续和书上生涩的内容做斗争。

而下次再让你捧起这本书进行研读，要比第一次更加艰难。

记得有一次李笑来到我们公司做分享时，曾说过一句话，他说他有一个很大的优点是，读不懂的书他也能够看完。

这和你学习一门技能时，是去突破你欠缺的部分，还是重复你已经掌握了的部门，其实是同样的道理。

我们暂且可以把那些你能够接受，好读易懂的文字认为是你知识体系的舒适区；而那些生涩难懂，在你熟悉的领域和范畴之外的，就是你知识体系的学习区。如果你只是待在舒适区里，而拒绝拓展和演练你的学习区，那么你只能让你的知识体系局限在有限的空间内无法得到拓展，如此你的知识体系会越来越小。

相反，如果你冲破知识体系的舒适区，不断地深入学习区，那么你的知识纵深得到拓展，视野得到开阔，在反复的训练之下，知识体系会不断得到扩展。

Facebook 首席执行官扎克伯格，每年都会许一个极具挑战性的新年愿望，比如每天都系领带、学习中文、只吃自己杀的动物，等等。

有一年他的愿望是：每两周读完一本书，每次都会在个人主页打卡。他选择书籍的主题集中在“不同文化、信仰、历史和科技”。

“书籍能让你完全探索一个话题，比当今多数媒体看得更深。”扎克伯格在他的 Facebook 主页上写道：“我希望能从每天的媒体阅读更多地转向读书。”

在这个注意力被社交媒体过度压榨和碎片化的时代，回归阅读将成为人们重整心灵秩序的第一步。但实际情况是，市面上有各种类型的书籍，也有很多自称是专家和学者的人跳出来进行推荐。面对众多选择，我们一次只能读一本，一周也只能阅读有限的书目，于是不免陷入了选择危机。

我的一个建议是，想办法找到知识体系和信息的源头，即如果想要学习某个技能、知识时从权威入手，从源头开始找起。一个很好的经验是，界定好了想要了解的领域后，可以借助互联网查询它所隶属领域的发展历史轨迹，找到知识发现的时间轨迹和重大事件的突出点。先有个系统的宏观认知，再从微观选择角度入手。

面对这样一个选择危机的情形，应该从哪些渠道来选择适合自己的书籍呢？以下介绍五个途径。

1. 主流书评人或者大型出版社官方媒体

亚马逊和豆瓣读书的推荐总体来说质量还算比较高，可以考虑选择时下热度较高的书籍进行研读。另外可以有选择性地关注一些大型出版社这样的官方媒体，定期有选择地做一定筛选。

2. 知识大V、名人推荐

在微博和知乎上关注一些你感兴趣领域的名人和知识大V。通常情况下，这类人会时不时晒出一些他们正在学习和研读的一些好书，这也是选择书籍的一种很好的方式。比如我对心理学感兴趣，在知乎上关注了李松蔚等大V，经常会去看一些他的观点和推荐，从而补充自己的知识体系。

另外，不少的知识性社区和论坛有系统推荐书单的习惯，它们会根据某个领域或者某个方向推荐一些有价值的作者和书籍。

比如在进行小说写作过程中，我曾找寻过短篇系列小说国内外经典著作书单，比如《米格尔街》《伤心咖啡馆之歌》以及麦克尤恩的作品等。

3. 衍生性阅读

衍生性阅读其实可以通过两种方式来界定，第一种是你在阅读一本书籍的过程中，找出作者在书中的推荐信息，包括注解、书最后部分的引用介绍；第二种是你在阅读书中作者引用的概念时，去查找这个概念的原出处，通过这种方式你会发现另一本书或者另一个很棒的作者。

简单点说，就是找到喜欢的作者，从他们的书籍中去发掘他们经常提及的人。而被提及的人，往往是作者认可、推崇并且受益过的。比如，从王小波那里我知道了卡尔维诺、奥威尔、马尔库塞、杜拉斯这些名字；从村上春树那里知道了普鲁斯特等。

作者往往很慷慨，会毫无保留地打开自己的知识储备体系，并推荐值得研读的思想、书籍和内容给读者。

4．迁移阅读

同一领域的作者的思想往往是各有千秋的，所以你在研读一个领域的知识时，可以适当筛选这个领域最为出名的作者，然后以对比式的方式去阅读和思考他们的作品，取其精华，去其糟粕，不断完善自己的知识体系。

5．人际传播等其他方式

在日常的工作和学习中，大家会经常彼此推荐书籍，这也可以作为选择的途径和方式之一。但是对于这种方式，做一点额外补充和说明，选择的时候需要带着甄别的心态，建议可以在豆瓣、亚马逊等网站上查看介绍、书评等，再次判断之下决定是否要选择购买和阅读。

最后，要定期对自己获得的书籍类目做分类，筛选出每个领域或者类型中居前五位的作者与书籍。分门别类的管理不是刻意排序，而是为了后续在研读其他领域知识时更好地做知识扩展，以及在现实生活和工作中做更好地运用和引用，从而真正实现对自己知识体系的管理。

Evernote（见下图）就可以用来做这件事情。当然除了线上以外，你自己家里的书架管理也可以按照分类的方式进行布置。

林语堂说过，读书使人得到一种优雅和风味，这就是读书的整个目的，而只有抱着这种目的的读书才可以叫作艺术。一个人读书的目的并不是要“改进心智”，因为当他开始想要改进心智的时候，一切读书的乐趣便丧失净尽了。

状态不好是为懒惰找的最没水准的借口

有的时候，我们会感觉状态不好，比如很累，想放松、想逃离、想调整，如何才能有更好的状态呢？

喜欢的事情反复做，都会厌倦，何况是枯燥的事情。对一件事情抗拒、排斥、反感，都是一种正常的心理变化过程，一旦你在专注一件对自己很重要的事情但却出现这种状态之后，切勿过分紧张，这种感觉大家都会有。

可以选择适当的调节和改善，但千万不要想着做点别的事情转移注意力，默许它长期延续，状态不好不是靠转移注意力就能变好的。

我已经记不清楚有多长时间是这样一个状态：几乎一下班就在电脑前码字，一到周末就把自己沉浸在故事点和人物情节里。

这个过程并不令人愉快，曾经一度我接连好几个星期想不到令人兴奋的创意和出人意料的故事点，写不出能打动自己的句子，我为此难过、颓废，甚至状态糟糕透顶。这种感觉就好像，照亮你前方道路的灯塔一下子熄灭了，你虽无比急切地想继续往前走，但是你却什么都看不见，甚至摔跤，摔得头破血流。

换作几年前的我，一定会选择对自己说，是的，你太辛苦了，你应该休息一下了。于是就选择做一些看似能够调节自己的事情，比如看电影、睡个懒觉。但实际情况是，在一个即将要进一步突破的紧要关头，你选择把自己拉回去了，而下次再到这个阶段，又要做同样的事情，走以前走过的路，这是何其低效的一种做法。

所以，在想不出来也写不好的情况下，我选择了让自己继续写继续思考下去，甚至强迫自己在整个城市还是半醒半睡的清晨，起床写东西，构思句子，这样的情况维持了一段时间后，渐渐感慨自己比别人能多片刻的时间思考和反思。把更多彩和丰富的内容填塞进时间格子里，用时间去解决问题，而不是自怜自艾；用精力去创造价值，而不是摇摆不定。

后来我接触了一些朋友才知道，原来他们也会出现定期状态不好的症状。对于大部分人来说，处理状态不好的方式就是，

放松、看电影、转移一下注意力，试图通过做一些让自己觉得舒服的事情，起到调整状态的作用。

但其实，每一个（件）让你不舒服的人（事），都会让你成长，人在一种舒适的节拍和环境之下，是不可能做出出色惊人的成绩的。

这也是我在接触了一些非常优秀的人后,才慢慢领悟的道理。

我认识一个工作狂，是真正的工作狂，不是勤奋给别人看的那种。他几乎每天都是一种鸡血充沛的状态，并且时不时会在朋友圈晒一两张工作的照片，比如昨天又工作到三点，今天又工作到凌晨，周末全天加班等，他很开心，并且不在意别人是否买账。他用“狼”来标榜自己，时刻提醒自己是一个信奉图腾精神的人。

这么精力充沛的人是不是天生就属于亢奋型，不知道累?

答案是否定的。有一天晚上，我看他在朋友圈贴出来这样个状态：“有的时候人觉得累，不是身体上的累，是精神上的累，想得多，就觉得累了。所以我应对这种情况最好的方法就是，做点清洁、干点体力活，然后让自己始终保持在一种良性可控的紧张状态，而不是一到周末就放松倒头大睡。”

最开始，我是很不能理解的。人累了，不就应该好好休息吗?状态不好的时候，不就应该看看电影、逛逛街，做点让自己开心的事情，转移注意力吗？至少当你满心疑惑去请教一个人，我状态不好了该怎么办时，对方通常会跟你说，做点喜欢的事情调节一下吧。

但是直到有一天，我发现不止他一个人提出了这样与普遍认知截然不同的想法。第二次看到这个观点，是从一家培训机构创始人的状态看到的。

他是个非常厉害的人，从三线城市来到北京，一穷二白，从最基层的助教开始干起，一步一步做到了某大型培训机构北美部经理，随后自己出来创业，开了一家定位高端人士出国留学的语言培训机构。

他经常说的一句话是，状态不好的时候，我一般不选择回避或者逃避，而是适当休息确保身体不那么累后，立刻再次回到让我状态不好的事情上来，面对它、攻克它、解决它。

有的时候，人会有意无意选择回避一些短时间内无法解决的问题。事实上，就像是爬坡上坎，在低谷的时候忍一忍、咬咬牙，到下一个阶段就会好很多。这让我想起之前马云说过的一句话，今天很残酷，明天更残酷，后天很美好，但绝大多数人死在明天晚上。

03

思考了很多年之后感悟出一个道理，你的大脑事实上并不能代表你，甚至你的大脑并不是属于你的。尽管你每天用它思考，用它指导行为，用它感受快乐和痛苦，甚至以为它就代表了你。但其实你并不完全了解它，你要明白你不应该隶属于你的大脑，而应该是你拥有你的大脑，甚至去控制你的大脑。

在《美丽心灵》这部电影中，主人公约翰·纳什是历史上第一个广为人知的“用自己的精神战胜了自己的精神病”的人。

著名的心理学家维克托·弗兰克的父母、妻子、兄弟都死于纳粹集中营，而他本人则在纳粹集中营里经历严刑拷打却奇迹般活了下来。他曾赤身于囚室中，面对人性的绝望和生活的惨淡，他选择控制自己的大脑和思想，在内心产生一种全新的感受：“即使是在极端恶劣的环境里，人们也会拥有一种最后的自由 ，那就是选择自己态度的自由 。”

虽然遭受了最痛苦的折磨和打击，但是在集中营中的悲痛经历，反而使他发展出积极乐观的人生哲学，他常引用尼采的一句话：“打不垮我的，将使我更加坚强。”

这其实就是运营心智去驾驭觉知的一种方式。在这样严峻的情况下都可以做得到，更何况是累了、倦了。每个人其实都可以驾驭自己的大脑，控制它更好地运作，更好地支配行动，而不是让自己成为大脑的奴隶。

所以，每当状态糟糕透顶时，比如对一件事情厌倦、效率极低、静不下心时，别急着让自己懈怠下去，而是坚持死磕一阵子，你就会发现不同，甚至问题会迎刃而解。而顺从感觉有时候只会让一个人陷入无限循环的惰性中而得不到突破。

邓紫棋说，与其去担忧自己是什么状态，不如去把这个状态里面最好的自己拿出来。因为无论怎么样，你能改变的只有自己的心态，不要企图改变环境，不要企图掩饰它，这就是我现在的状态。

好与不好，这就是我。

比改变更难的，是改变思考方式

社交关系链中有一个推论，通过 6 个人，你可以认识到美国总统。其实从技术层面，这是可以实现的。不光如此，放到现实生活中对于某些技能和知识的掌握，也同样适用。只是很多人并不能清楚地理解这个原理，仍然选择在可预见的范围内求知和定论罢了。

朋友托我帮她买了一台美版电子阅读器，到货前一天晚上，我手机里显示有她 3 个未接来电和若干条信息，因为加班忙碌没来得及回复，我点开一看，清一色是在询问一个问题，即美国版能不能像中国版一样支持在中国官网正常下载书籍。

看到这个问题，我根据常识先做了一个判断，既然都是阅读设备，只是生产地不同，应该是支持不同地域官网下载的。但是为了确保我的判断无误，还是准备到知乎上去查一下。可就在点开知乎的一瞬间，我突然有点生气。这么简单的一件事情，朋友为什么不自己去查询，我又不是百科全书。在互联网如此发达的今天，不会的东西网上查询一下就可以解决，还需要如此兴师动众地打这么多电话吗?

于是，我关掉知乎，在微信里简单给她回复了一句，自己去查，外加一个鄙视的表情。

事后我开始反思，为什么对于这么简单的事情，却有人宁可花很长的时间等别人找来现成的答案，也不愿意立刻动手自己去找答案。事实上，我朋友不是第一次做出这样的举动了。在跟她相处的过程中，发现对于很多事情，她应对的思维模式都是问题——搜索答案——无果——悬置。长此以往无果和悬置的东西会越来越多，因为每个人的可识别知识领域是有限的，就连那些对于各自领域非常精通的人也会存在知识盲区。而学习这一件事情，绝对不是通过一个暂时的结果能够衡量的，它是一个延续的状态，你可以说这一刻你学会了什么，但你不能说你这一刻就完成了学习。

所以，长期采用只探究可预见和可知范围的响应机制后，认识问题和分析问题的向度就会越来越窄。而人的信心和自我怀疑都是可累积、可延续的。比如，对于一个做成过一件事情的人，下一次再次做好并且做出成绩的可能性要比一个从未做成过一件事情的人的概率大。因为信心是一种可延续状态，自信是在若干次成就基础上叠加的良性自我认知。对于长期不主动解决可知领域外的人来说，慢慢就会认为我不了解的，就是我无法了解的，我目前解决不了的，就是我永远解决不了的。

这是很可怕的一种思考方式。

其实人一生求索的过程，更像是探险的过程，你的目的是找到终极可依赖的状态，这种状态往往是让自己的生活过得有质感，人生过得有意义，做成你在乎的事，保护你在意的人，就像你想去获得和掌握某种知识，某项本领一样。但是区别在于，有些人在实现和达到这个目标的过程中，会不断调整和改变战略战术，用穷举的方法获得他想了解和知道的东西，而有些人却只在可预见的范围内搜寻答案。自然，对应的结果是大相径庭的。

所以，不要把自己的视野局限在可预见的范畴里。

因为没有，所以要去找到；因为不会，所以要去学到；因为不够，所以要去得到。这是长久以来指导我思考问题的一种方式。

一次偶然的机会，我学到一个单词，serendipity，它的英文解释是，Plan to find something but find something else. 用中文注解是，有心摘花花不开，无心插柳柳成荫。这个单词很好地解释了在探寻结果的过程中，思维方式给行为路径甚至结果带来的差别。

当年在备考托福的过程中，因为是完全自学，所以从理解这门考试的每个科目、规范，甚至考试要求，到每个科目、每类题型的具体答法，都是自己摸着石头过河，一步步总结出来的。

没有老师在身边可以随时答疑解惑，于是就只能去网络或者图书馆找资料查询。主动去思考，用哪些途径可以获得最新资讯，然后根据判断，选择了一些知名机构官微、名师微博、出国留学论坛、自助学习小组。

在关注一些机构微博的过程中，发现他们发布的内容是有机可循的，有考试资讯，有资料分享，有答疑解惑，还有考前预测等。每个类别，又会转发不同老师的内容，顺着这个线索下去，就会有针对性地关注一些老师及一些垂直领域。

积累的过程就是这样的，你通过一个点作为突破口，在掌握它的过程中你一定会有意无意遇到一些其他路径和线索，而有心的人，会记下这些寻找过程中衍生出来的路线，顺势走下去，直到发现下一个柳暗花明。

所以当我考完托福的时候，我不光知道每一门科目的考试类型，答题技巧，考场会出现一些什么状况，考试时需要提前准备什么，不能带什么。同时，还积累了一个丰富的资料库，每个科目对应下来，都有相应的题目、资源、衍生读物等。这对于后期我从事培训工作也起着非常大的作用。我能用更少的时间，找到想要的知识点和信息。

抓住意外之喜，把“没有”看成一个指令性动作和目标，缺乏什么就去补充什么，没有什么就去争取什么。

我认识一个编辑，是我第一本小说的策划。在我撰写那本小说的过程中，经常跟她在网上交流沟通。在当时的交流过程中觉得她是一个思维活跃、观点鲜明、逻辑清晰以及爱表达的人。每次跟她沟通，我都能从中找到有价值的信息点，当时我还没有见过她，但她给我一种非常自信、活跃的感觉。

后来我的小说出版之后，约她出来见了个面，地址约在东城一家别致的小餐馆。虽然是第一次见面，但因为先前多次在网上交流，所以感觉和她已经完全熟悉，就非常自然地跟她说话沟通。但说着说着，发现哪里不对。

她话很少，基本上是我问什么她答什么，而且每个话题都给我一种未完待续的感觉。席间我不断抛出新鲜的话题，希望她可以对此发表观点和评价，就像她平时在网上那样，但她都是草草带过，轻描淡写。这顿饭我吃得很辛苦，眼前的她和我平时对着电脑交流的她，完全是两个人。

以前听过一个说法，人和人之间的相处模式，更多的是思考方式的碰撞，在同一个思考高度上的人，接触起来，自然会觉得轻松、融洽、不那么累。而大部分的沟通和相处，都是不同高度上的思考方式不断推让和瞧不起的结果。

后来我们吃完这顿辛苦的饭，便挥手分别了。

在路上我不禁开始思考起一个问题来，有一些人，就是不擅长表达，不喜欢在公众面前暴露自己的真实想法，而在一些大是大非面前，即便自己对此有另一番看法，也会选择站在多数派一边。他们认为只要不表达，就不会承担那么大的风险，躲在一群人背后，就是最保险可靠的行为。

但这只是逃避缺陷的权宜之计罢了。人无完人，每个人都有不同程度的缺陷和问题。一个人的优势和劣势就像是两个方向相反的能量积累，我更愿意把两者比作地貌中的高原和裂谷。这不难理解，当你在某方面具备极其优异的技能和特长时，你做此类事情会比他人轻松容易得多，从而有更多精力去关注和发掘其他领域的东西。

同时，技能和知识通常是可迁移的，你在这个领域具备了领悟力可以平行移植到其他领域去。这就像是板块之间不断地撞击，只会挤出越来越高的高原；而对于某个领域技能你不擅长，选择逃避它，那么从事这个领域，你会比他人耗费更多的时间和成本，于是你关注其他领域的时间和能力就会减少，同理于领悟力迁移的原理，你在这件事情上少了一些领悟技巧和方法，那么能够衍生到其他事情上的可能性就会大大降低，这就好比裂谷，因为一个缺口，于是随着时间的迁移和流逝，只会越来越大，距离就由此产生。

所以，对于不擅长的东西或者不敢尝试的东西，采取听之任之的方式，而不是变换思路，迎难而上，那么你不擅长的东西只会越来越多。

改变这个词，在英文中是change，通常会搭配一个从什么到什么，即从什么样的状态改变为一个什么样的状态。所以改变往往伴随的是空间的转移或者状态的变化。

但改变终究是一件很难的事情，无论是思维的改变还是状态的改变。

这让我想起一个好笑的段子，美剧《破产姐妹》里有这样一个片段，Han问Max，都下午两点了，你为什么还不换上你的制服？他用的是单词change。而Max回答说，春天快来了，你为什么还不变成蝴蝶呢？他用的单词也是change。在剧中，因为Han很矮小，经常被Max和大家伙嘲笑，甚至被比喻为小矮子、小蛾子。所以，一个小蛾子想要变成花蝴蝶有多难，一个人想要改变自己就有多难。

关于改变，很多人想当然地理解为，改变不就是行动吗，去做就好了，结果往往是尝试一番之后便草草收场。比如，一个人想减肥，想让自己变得苗条又好看，她首先想到的是去健身房，给自己报几门运动量大的课程，以达到让自己改变的目的。但她没有意识到，导致她懒惰或者胖的原因，是因为意识层面不具备用意志力克制欲望，拒绝难为自己，不限制满足自己所致。所以，思考方式不发生变化，报再多的课程，最终还是坚持不下来。

真正的改变是先转换你的思维方式，而不是切实地立刻行动。因为意识就是左右和支配行动的，你害怕出糗，在意他人的评价，那么你肯定很难全面展示自己，比如当众又唱又跳。

改变自己，先从改变思考方式开始，不要把自己的视野局限在可预见的范畴里。

抓住意外之喜，把“没有”看成一个指令性动作和目标，缺乏什么就去补充什么，没有什么就去争取什么。

优劣势不是静态的固有模式，而是一个持续变化的可控状态，及时制止劣势和不擅长因子的扩展。

你远比你想象地更加坚强

努力去做一件不喜欢的事情，一定很累吧。比如学自己不喜欢的专业，听自己不感兴趣的课，做自己不热爱的工作……但努力地放弃一件虽然不喜欢但对自己有利的事情是不是更难呢?

我曾经为了排除杂念，全心全意投入想做的事情，硬是让自己从年级第一，每年拿奖学金，变成倒数第一，还被老师数落。

大学毕业，我作为一个五线城市城乡结合部走出来的人，来到北京，和一群天南海北的人相聚在一起。

实话说刚开始我内心经历了一种戏剧性的变化，从“我来了，我征服”转化为“我来了，然而并没有什么不同”。

从自信转为自卑，是有原因的。当我还满嘴不自觉地谈论四六级、文理科、重点本科、文综时，我的同学们已经开始兴高采烈地说吸血鬼日记、暮光之城……

大学上课的时间比高中自由多了，很多课到早上九、十点钟才开始。但那时候，我还是习惯早起，就算没有课，我也 7 点钟起来，似乎就像被上了发条的闹钟完全控制不了自己。起来这么早，我都做什么呢？

我去教室上早自习。没错，就是高中的那种早自习。我手捧高数课本，开始温习上一周的功课，预习这一节的新课，检查练习题，反复验算做错了题的答案。曾经有好几次，因为起来太早，教室门还没打开。我就坐在教室门口，认真地读起了课本。

这着实把一个打扫卫生的大妈吓坏了。一来，这个人这么不怕冷，大冬天 7 点钟起来还坐在冰凉的地板上；二来，“勤奋地”有点让人窒息。要知道，在大学，这种勤奋学习的景象只可能在考研教室或者期末考试前才会看到。而我是这两者以外的第三种情况，自发性勤奋。

你不要以为这样勤奋一定收获颇丰，生活充实，心情舒畅。事实上，我每天都生活在焦虑中。因为，大学的课程尤其是公共课，如果想顺利通过并且还获得一个比较高的分数，是不需要如此投入的；而真的要如此投入地学习，你就会发现，弄不懂的只会更多。

那时候我的同学们都在干什么呢？

他们晚起晚睡，下了课参加各种活动，看电影聚餐，谈天说地谈恋爱，或者带着画板去世贸天阶画速写。

大学，突然身边的人，包括老师在内，一下子没有像高中那样只从一个维度去考量你，看重你的成绩。于是对于那种只会学习的机器来说，一下子就失去了赖以生存的存在感。

那段时间我是极其迷茫的，内心着急，想尽快把自己变成全面发展的优等生。但是时间上总是安排不好，顾得上学习，就顾不上参加活动；顾得上专业，就顾不上兴趣。觉得有些课程实在是浪费时间，但是却又害怕被扣学分，导致成绩受影响，不得不硬着头皮去上课。

我一直这么拧巴地过了一年多。成绩遥遥领先，好成绩平时并没有太大的存在感。也就是开学发奖学金那几天，周围的同学会投来一种钦佩的目光，但是我内心隐隐觉得这样下去是不行的。

突然有一天，班主任请了一个高年级的学长来给我们做分享。他读的建筑专业，却先后两次转行，从建筑转到广告，再从广告转到时尚摄影。现在在为很多一线时尚品牌杂志拍照。

一直以来，我的内心其实对很多事情充满了兴趣，比如弹吉他、写作、摄影、疯狂，但是我呈现出来的样子总是矜持、彬彬有礼、不善言谈。做出来的事情也总是意料之中，按部就班，从来不会跳脱地做出让人费解的事情。

听完那次分享，我心里突然产生了一种可怕的想法。

我问自己，舒文你牺牲所有时间，天天当个乖学生，上课不迟到、不旷课、不早退，你是想保研继续上学吗?

我潜意识中第一反应做了抢答，那就是“不想”。

那既然不想保研，又不喜欢课程中的东西，且对外面的世界充满期待，为什么还要浪费时间在这里做无用的事情？

或许是太在意外界，没有勇气让自己成绩变差，不希望别人用“差生”来形容自己吧，我暗自想。

你敢不敢做点出格的事出来？我继续逼问自己。

于是从那次之后，我真的开始出格了。我开始旷课，跑到清华去参加活动、跑到图书馆去准备托福、去胡同里抓拍、去看孟京辉的话剧、去南锣鼓巷和摆摊的手艺人聊天、去准备大企业的面试。

让一个长期习惯用优等生认同自己的人，开始接受被老师当众点名批评、每次成绩排最后一名，是一件很酸爽的事情。

后来有些人问我，你是怎么做到故意把成绩变差的？你明明可以继续保持全班第一，稳拿奖学金啊？

我想，人其实本性还是贪婪的。想要得到更多。在面临选择的时候，总是希望有一种两者兼得的方案。比如，既可以拿高分、拿奖学金、拿保送名额（大不了最后把保送名额拱手相让，这样还能体现自己大义凛然），又想出去接触和经历更多丰富的东西，去实践、去挣钱。

但是，我一直觉得这世上不存在两全其美的事情。顾得了一头，就顾不了另一头。也许有些人可以同时并行做很多事情，但是拿着那些对你毫无意义的成绩，又能做什么呢？

很多时候，一个人走得犹犹豫豫、不坚决，其中一个很大的原因就是有多个选择。非此即彼，不走这条路还有另一条路等着自己，于是就走得毫不投入、总有保留。想让自己在一条路走到底，并且逼自己真的走出来的一个比较极端的方式就是，断后路。人总是擅长自保的，所以在毫无退路可选的时候，自然有一种发自内心不得不狂奔的冲动。

我就是这样逼着自己放弃自己不想要的，去全情投入自己想要的。

你想坚持做一件事情，但又觉得很难，于是你就更倾向于选择跟它相似的容易的其他事情，以求得心理平衡。是的，想做事情总能证明你向上，但却保证不了你能按照预期收获。就像当年我在考托福的时候，曾经不止一次想中途放弃，选择考托业替代。但最后我还是放弃了这个念头，考了托福。

其实，所有的人潜意识都是趋利避害，倾向选择容易的事情做，这是人性本质，贪嗔痴懒。所以如果发现你自己有这样的想法，不必懊恼认为自己就一定会糟糕透顶。所有人都是这样的，包括伟人和名人。

关于坚持这件事情，需要想清楚一点，这个事情真的是你想坚持的吗？会不会是因为，你看到身边有人这样去做，效果还不错，所以自己也想做了。再或者，你目前所能企及的，就只有这个选择，所以不得已从中挑选了一个，就像抢板凳游戏一样。

用心做事情和用力做事情，是两种截然不同的状态。很多事情，大家觉得自己似乎很拼命，很勤奋。但效果并不好，时而还觉得很累，坚持不下去。这种多半就是在用力做而不是用心做。用力做事情最大的判断标准是，你觉得这件事情做成了，对你有好处，但你并不一定发自内心认可它。

大部分人还是希望自己能够变得更好更优秀。所以把力气用对地方，这是需要思考的问题。在这样一个功利的时代，难免会让年轻人在不该有压力的时候有压力，超前考虑的东西太多。比如谈及学业，没有学好，首先想到的不是哪里没有学到位，而是，没有学好会对未来求职、生活等造成什么样的恶果。

任何一次转变、挣扎，都会很费劲也很有风险。做得好，自然皆大欢喜；不好，难免就会掉入一种怪圈，觉得本就不应该去改变。但是一个人走向成熟的标准就是，会自己权衡利弊做选择，并对选择的一切后果有能够承担下来的勇气，且对于不好的结果有快速恢复状态的能力。

所以亲爱的，如果你坚持不下去了，好好想想，是不是为了坚持而坚持，是不是还给自己留了退路。

其实你和名校的人相比，只差了一份勇气

读高中的时候，认为名校不名校，差距仅是录取的分数线，并没有意识到这几分或者几十分的差距会对日后的生活有多么大的影响，更没有想过连面试的资格都会受到这件事情的牵连。

高中毕业顺利进入大学后，自以为从此可以按照自己想要的方式生活了。那个时候流行《奋斗》和《我的青春谁做主》这两部电视剧，讲述的是几个青年在北京奋斗的励志故事，这两部剧曾一度在我高三非常黑暗的时期，成为导航明灯，每当夜里 11 点睁不开眼睛、算不进去题时，一想到那几个意气风发的青年和他们为自己做主的青春，我就热血沸腾。

高考完后，我来到了梦寐以求的北京，我以为我的青春也就从此开始由自己做主，我的“奋斗”也就从坐上开往北京的火车开始了。我心里想，只要上完大学，就自然而然地获得像电视剧中主人公一样前程大好的工作。后来我发现我错了。

刚进入大学那一年，惊奇地发现再也不用担心因少了几分而

没有书读，再也不用苦哈哈地为多睡了一个小时而自责不已。大一的生活相较于高中那段艰苦卓绝的日子简直就是天堂。课程轻松，考试简单，老师再也不会咄咄逼人地数落你的成绩，耳边也不会响起父母天天定点催促你上床睡觉的声音。生活被舒适、无压力的空气分子包围着，现在想起来，越发觉得那段时间的生活特别“真空”，就像把自己与现实世界用一个隔氧瓶子分离开，生活在那短暂而又不真实的小天地就以为是全世界。

于是自己慢慢变得懒散和随心所欲，中午起来吃早饭，晚上刷夜追剧到凌晨。平时课程不忙时任职社团成员、学生会干部，每学期小小努力一下就有奖学金拿，被学弟学妹围着叫“部长”后更加飘飘然，觉得自己像是那么回事了。

我曾一度以为，同龄人（包括）那些名校的同龄人都是这么度过他们的大学生活的。直到大二那年，我参加了一家知名FMCG公司的暑期实习生面试，才知道什么是差距。

前来参加面试的候选人主要是清华、北大、复旦的学生，还有一些其他学校的，因为英语还勉强过关，所以我也荣幸地获得了这次面试的机会。在进行小组讨论的过程中，各个候选人的简历非常漂亮，不是出过国参加过模联、AIESEC，就是去知名企业实习过，要么就是跟着导师做了几个精彩的项目。而到我时，只能用院学生会副部长、兴趣社团副团长等来介绍自己。

最让我吃惊的是到了讨论的环节，我们几个学生被问及对这家公司了解多少，当我只能说出它生产的几款洗发水的名字，然后就开不了口时，已经有人对公司的企业文化、市场行情、业务线经营情况和数据侃侃而谈了，甚至可以根据目前某一条业务线的经营数据给出相应的市场解决方案。这个学生是清华的，家庭条件优越，为了在毕业的时候有漂亮的简历申请国外名校，他从大一就已经开始在四大实习并且晚上夜战学习 GRE 和托福，在介绍完自己后他说了一句话："只有偏执狂才能求生存。"于是 Paranoid 便从此成为我的网名，时刻提醒那些智商和学识超越自己好多倍的人仍然在辛勤付出，而我却还在一旁对着含金量有限的成绩沾沾自喜。

我不是一开始就明白成功的人心里多多少少都住着个"清教徒"，直到有一天我也把自己变成了这样一个"清教徒"。

参加完那次面试，我像得了重感冒一样在寝室躺了三天。我第一次意识到，对于平凡的人，如果已然输在起跑线上，还不自我救赎，那永远也不要指望还有谁，还有什么事情能够救赎得了你。那个时候正值我们寝室有一个家庭条件优越的女孩在南二环买了一套房子，而那时的我对于房子意味着什么没有一点概念，以至于看到房本的状态就犹如在电视机面前观看一档花边新闻节目，认为跟自己毫无关系。

出于好奇，我问她："你为什么这么早就买房子了啊？"她回答我说："那可不，你不知道咱们这专业毕业之后出去找工作工资有多低，就只有三四千块钱连房子都租不起呢！"

说实话，她刚说出口的时候我是不太相信的。在我心中，我一直觉得毕业之后就可以像《奋斗》里面的陆涛一样，有好公司可以上班、有好车可以开，甚至有时髦的立领 POLO 衫可以穿。

现在突然告诉我，不光这些都没有，甚至连房子都租不起，我内心几乎崩溃。从那时候开始，我第一次有了一种骨子里迸发出来的危机感。每当一想到如果纵容自己继续按照这样的生活方式生活下去，可能连饭都吃不起时，我内心不受控制地抽动了起来。我问自己，18 年兢兢业业地付出就是为了换来这样的生活吗？

从那时候开始，我每天早上 6 点准时起床，冬天北方天亮得晚，所以我会在宿舍的楼道里背一个小时的单词，然后拎着电脑包早早去图书馆占座位，开始研习 Marketing 和经济学方面的知识，同时会安排做两个小时的 TPO 阅读和听力。如果一定要概括，那段时间的生活就是"三点一线"，宿舍、图书馆、食堂。我逼了自己三个月，拿下了 FMCG 公司的暑期实习机会。

我始终觉得，平凡的人和清华、北大名校的人相比，智力、情商甚至综合实力已然差了一大截，还想跟他们一起去争夺饭碗，唯一能做的就是剑走偏锋，做他们不愿意做的，说他们不情愿说的。

做他们不愿意做的，就是用笨办法下苦功夫。如果一定要说成为“清教徒”之后给我的人生带来的改变，那就是我从口吃变成了一个敢在上千人出席的会厅里演讲、说话、说英文，甚至会唱会跳，并学会为一个目标争取到底。

校招在每年的 9 月份拉开帷幕，而事实上有准备的人早在半年前或者一年前就开始做准备。和他们相比起来，我还是晚了很多，我第一次知道有“校招”这件事情已经是大三上学期的五六月份了，也就是说，我只有不到 3 个月的时间做这些准备，那个时候我还没有一份像样的简历。

为了争取到面试机会，我用了一个笨办法，凡是开放了校园招聘投递入口的公司，我都会投递，并且会筛选和摘取这些公司的问题共性，因为每一家公司合作的第三方简历投递平台不一样，所以几乎是每投一家公司，我都会重新写一次简历、介绍信和开放问答，有的时候一家公司所有流程走下来，就是大半天时间，我前前后后一共投递了 132 家公司，甚至还包括远在新加坡的企业。

当时并没有抱什么希望，认为这么投递了不一定能够获得面试的机会，但是，如果不这么投，那一定什么都没有。校招对于人才的选拔考核是极其严苛的，我犹记得有一次在公交车上接到了电话面试，立刻就要求自己进行一长串的英文对话，于是我马上照做了。如果说碍口识羞是一种病的话，那么当你不使出十八般武艺争取就一无所有时，它就自然被治好了。

我曾经一度口吃，不愿意在公共场合讲话，不喜欢发言，上课怕老师抽问把头埋进书堆里。可是，在那样一个群雄争霸的时刻，面试官根本没有兴趣和时间来照顾你这些所谓“内向”的小情绪。你唯一要做的，就是把自己推出去。

为了获得现场面试机会，我曾筛选了所应聘公司近 5 年的面试题目，并把它们进行归类，总结出每一种题目可行的回答思路和技巧，这其实有点像用大数据的思维在找寻普遍规律，人工做这件事情工程量浩大，但是相当奏效。如果一定要说，和那些出身名校的人相比，我能够跟他们一样站在一起面试的经验是什么，那可能就是我比较舍得下这种笨功夫吧。

时至今日，回想当年之所以敢和那些名校毕业的人一起面试，一起争夺一个岗位机会，并且最终获得了一个不错的工作机会，就是因为自己最大的优势在于傻得很有勇气，敢剑走偏锋地往前冲。

永远不要去逼一个人勤奋

我敢打赌，很多人和我以前一样，其实并不知道人为什么要“勤奋”。

勤奋是我从上小学开始，听到比较多的正面词汇之一。因为老师在说这个词的时候总是带着这样的上下文：“你们一定要勤奋啊，不然就会像谁谁谁一样。”“你们一定要勤奋啊，不然以后连漂亮衣服都买不起。”我不想像谁谁谁，所以我选择勤奋；我喜欢漂亮的衣服，所以我选择勤奋。

从那时起，勤奋这件事情似乎成了摆脱不好的事物和意向的选择通道。我并没有怀着像想吃一顿大餐一样的心情期待它。只是因为，看着那些勤奋的人很好，很让人羡慕，所以也期待自己能够变得勤奋。

因此我以前做得更多的是，让自己看上去很勤奋。比如会选择给自己定一个踌躇满志的目标，一个月要做完整套题，考分提高多少；一天之内要看完多少章节书，背几页单词；一个学期要学完哪些新技能，要参加多少比赛。时间像是一个坑一样被我塞满了萝卜种子，但是我种出来的萝卜到底能不能吃，我并不知道。

因为我只想勤奋，而从来没有认真考虑过为了什么而勤奋，所以把日子过得更像是在赶日子。学习计划就像是例行公事，只要我每天准点出现在图书馆里面，拿出书和笔记本，哪怕脑子里还在神游昨天晚上食堂里的猪头肉，我仍然觉得自己是勤奋的，至少我这么早又如此刻苦地把自己置身于图书馆里了。

我记得大学的时候，我特别喜欢去图书馆借书。每次抱着一堆借回来的书回宿舍，都有一种至高无上的荣誉感，因为我勤奋，我在进步。要是碰上认识的同学也正巧捧着书回来，我甚至还会上下打量一番，比试一下我们谁借得更多我才甘心。

有些一直以来被人们说成是好习惯、好事情的东西，如果长此以往不加控制和节制地做，也会滋生出有害物质，最终违背了我们的初衷。物极必反，世界上所有的事物都是相对的存在，量多了，再好的东西都会成为障碍。

我曾经特别喜欢看和听一些励志人士的讲座。但凡有朋友推荐说，某个励志人士带着他的新书来学校宣讲了，或者是，某个青年才俊出新书了，我都会毫不犹豫地以最快的速度把这些书籍收入囊中，并且兴高采烈地尽快阅读起来。

在阅读这些书籍的过程中，我最大的变化就是勤奋地早起坚持看完了这些书，看书里面主人翁的各种精彩、险象环生、别开生面的人生经历和奋斗历程，我大张旗鼓地为别人的勤奋喝彩的阶段。

那些书就像是犯困时候的一滴咖啡液，能够让你在短时间里踌躇满志，斗志昂扬。但是一旦经过几天时间的发酵，就会发现，书里面主人翁做过、做到和想做的事情，跟自己什么关系都没有。

后来我遇到了平生第一个喜欢的人，发现跟这个人存在着巨大差距，并不自觉地勤奋起来。

我以前听过一句话：一个人只有当对一个人、对一件事情的渴望，就像对呼吸的渴望一样时，才真的能够做到使尽浑身解数，用尽全身力气，去实现和争取到它。

喜欢上一个人，并且有了一种对于生活的原始冲动和渴望之后，就会迫使你去打破自己习以为常的东西，做自己没做过的事情。

其实勤奋到底是什么？勤奋不是装模作样地给别人的视觉观感，而是为了获得你想要的生活方式、跟你喜欢的人在一起，而去一而再，再而三地挑战自己的舒适领域，把自己从习以为常中拽出来，这才是勤奋。

在公司，每一年会给不同的项目设置一个绩效考核。在年初的时候会订立相应的目标机制，到了年底，会一一对应这个目标机制去看员工是否很好地完成了它。这是一个目标——结果导向非常明确的事情，完成了就是完成了，没完成和完成之间就是存在不可跨越的鸿沟，比如年底的奖金、收入等。

个人勤奋这件事情，其实本身也是应该纳入一个结果导向的框架中来进行考核的。勤奋是要有结果变化的，每天吭哧吭哧抱那么多书去图书馆看，是需要有量变到质变改变的，是需要对现有状况有所改善的，而不是看起来很努力。

很多人在迷茫的时候会说，我想勤奋，可是我找不到勤奋的理由，勤奋的动力和目标到底是什么？

其实没有答案，市面上对于成功的定义一直以来是较为功利和单一维度的，似乎金钱、财富、地位的获得，就是每个人奋斗的目标和动力。但其实作为一个独立存在的人格，不要让这种观点影响你，你只需要去发现和找到一个能够鞭策你改变现有状况的人、事。认准他，然后一直不停地坚持下去，就一定会有奇迹发生。

当我还在上幼儿园的时候，老师第一次组织我们去电影馆看一部电影，我当时兴奋坏了，两天晚上没有睡着觉，盼望着精彩纷呈的节目到来，但前往电影院观影当天，我在电影播放到1/4时，竟然睡着了，醒来的时候只看到屏幕上的两个大字“再见”。

回到家里，爸爸问我今天看了什么电影。我挠着头想了半天，告诉他说，今天看了“再见”。

我知道你会说，那是因为年纪太小，对很多事物和文字，只能看得懂表层的含义。但其实直到今天，我们也未必真的从这种状况中彻底进化改变，也许我们只是在想当然地理解一些东西而已。比如勤奋，因为长时间的条件反射和资讯灌输，导致我们一看到勤奋，就会去联想较好的东西，而并不会静下心来思考，为了什么而勤奋。

所以，不要为了勤奋而勤奋，也不要只是看起来很勤奋。先为勤奋找一个目标和发力点吧，比如一个人、一种生活方式、一个城市。有效地工作，快乐地勤奋。

CHAPTER 03

你获得了什么，在于你付出过什么

人和人的差别不是身份、年龄、性别而是认知。每一件事情都有完成的最优路径。路径选择的差异源于思维方式的突破。职场有技巧，转行有方法。不断更新自己，置身于不舒适领域，像海绵一样吸收未知的东西，让未来更好到来。

面试百余次后，我懂得的面试之道

从校园招聘开始，我前前后后经历了各大面试数百场。到后来自己作为面试官去面试新人，最大的一个感受是，面试其实只是在短短几十分钟或者几个小时时间内，快速全方位地实现招聘双方对各自的定位和了解。

对于面试，看似是基于你之前的工作学习经历进行发问，实则是对一个人的综合能力和素质的考核。曾经不止一个人跟我抱怨道，这个面试官真奇怪，竟然跟我讨论起最喜欢的足球明星。

他是通过你描述某一个人或者某一件事，来考察你看待问题的思维方式、语言表达和组织能力以及你的知识构成体系。当然，把面试官引到你熟悉的领域，并促使你设问，也是一个我非常推崇的面试技巧。

虽然有针对各类企业的面试经验和法宝，但是也不免会遇到各种出其不意的情况。甚至哪怕你对项目十分了解，原来的工作做得非常出色，也可能遇到不熟悉或者难以作答的问题。

我身边有一个工程师朋友，有很多次项目合作和工作对接，我知道这个人工作能力非常强，并且非常负责，项目的协调统筹与自身业务都做得非常出色。然而，他却有一个很大的硬伤，不善于面试，准确来说是很难快速地切换身份适应不同口味的面试官。所以对于他而言，虽然实际工作能力非常强，但面试的时候却非常吃亏。

其实，面试的本质就是一场面试方和被面试者知识与经历的交锋。

虽然面试过程中有很多难以预料的情况和状况，但面试过程中的作答方式和思考模式是可以被训练的。日常中要注重积累，除了你所处领域和你所在行业的最新资讯外，知名评论人的观点言论、身边一些新的现象、对于新事物的观察以及通过学习小组、书籍、课程的思维纵深扩展演练都是需要平时进行准备的。

而在面试过程当中，也是有科学方法能够让你更好地组织语言，快速在大脑中罗列已有材料的。我比较推崇的一种方式是，使用新托福写作的方式来进行面试作答。

为什么采用托福作答方式?

这里我先放一张漫画图。下图中左边图代表了西方人的思维特点，右边图代表了中国人的思维方式特点。

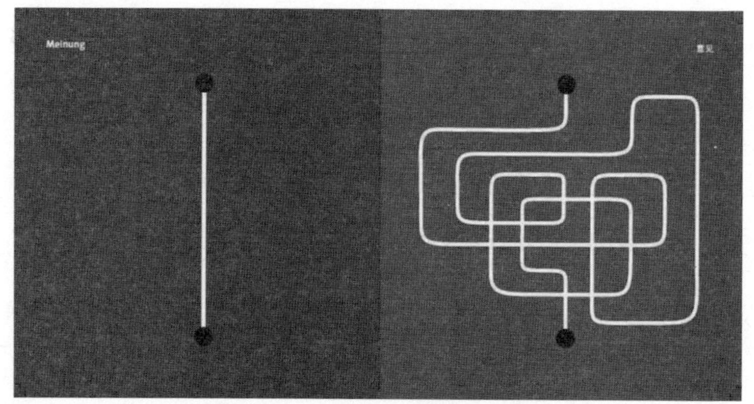

图：刘杨《东西相遇》

从图中我们可以很明显地看出，左侧的思维路径和逻辑是直接的、清晰的、旗帜鲜明的；而右侧则是迂回的、含蓄的、模棱两可的。

这体现了不同文化思维方式下人们思考方式的差异。举一个简单的例子，我们在日常的生活和工作中，经常会碰到对方并没有清楚明白说明用意，但是我们就可以了解的情况。

比如你托人帮你办一件事情，但这个人先说了各种困难和麻烦，绕来绕去后含蓄地表达办成前需要给谁“意思”一下。于是你瞬间就会明白这里需要送礼或者送钱。

这种形式就是潜台词，但可以很好地作用于人际关系往来中。但是对于面试却非常不适用。

在面试过程中，面试官希望你能够直截了当、清楚明白地表达你的观点和看法，而不是采取迂回婉转的方式。

到目前为止，参加了二十几年的各类考试，觉得受益最大的是考托福的整段经历。先暂且不说它对于英语学习能力和水平的提升，单从对于逻辑思维和表达结构方面的影响来分析。

考过托福的人可能会明显感知，对于作文这一个项目，刚开始接触托福作文的同学们总有这样的疑问，为什么自己绞尽脑汁只能写出一两百字，那些熟悉国外写作的人轻车熟路地就能写出五六百字，是不是因为他们词汇量和短语量很大、会背各种“天苍苍啊野茫茫”之类的诗词句段。答案是否定的。

下面我主要通过三段式结构来探讨如何用托福写作思路结构化面试思路，让你更清晰、准确地表达自己的观点，从而提高面试命中率。

通过下图其实就一目了然了，面试的时候对于任何问题，你的回答方式都可以借鉴这种思路，观点 + 理由 + 总结，那下面具体对应说一说怎么用。

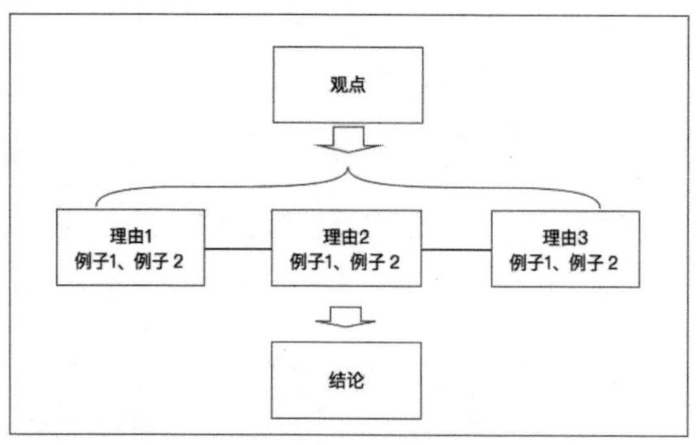

1. 一定要有鲜明的观点

明确的观点看似容易理解，但在日常工作交流中，由于习惯了“中庸”之道的影响，我们的表达往往是“太极”式的，比较害怕给出一个果敢和明确的观点，所以往往是含糊不清。

什么叫鲜明呢？

（1）同意；

（2）不同意；

（3）不完全同意。

拿一道托福作文题来说：

“你认为，飞机是不是 20 世纪最伟大的发明？”

刚开始回答时一定是需要先摆观点和态度的，答案可以是：

（1）是的，我同意 + 理由……

（2）不是，我不同意 + 理由……

（3）不完全是，一方面是……+ 另一方面是……

2. 横纵延伸找支撑理由点

假如你用 3 个理由去支撑你的观点，那么支撑的理由点之间一定是既要有联系但又相互独立的，每个理由点一定是有独立的切入角度，不能是相互包含的主子关系（国外有专门研究过，为什么 3 个理由会比 2 个理由和 4 个理由去论证一个观点更好，有兴趣的同学可以去网上找一找）。

还是以刚刚的题目为例：

“你认为，飞机是不是 20 世纪最伟大的发明？”

假如我回答：不是，那么我可能选择的理由是：

（1）横向切入：20 世纪伟大的发明有原子弹、航天飞机、电视、人造卫星、民航客机、个人电脑、移动电话、克隆羊、互联网等涉及生物、化学、艺术等各个领域，说其中一个最伟大则比较片面；

（2）纵向切入：飞机属于交通工具领域，20 世纪除飞机外还有其他交通工具，比如高铁等，也很伟大，所以不能说飞机就是最伟大的发明；

（3）就飞机本身来说：飞机方便了人们的出行和生活，但并不是世界上所有区域、所有人群都能受到它方便的惠及，有一些人从未使用过这个工具，所以对于这些人来说谈最伟大不太科学。

3. 理由点只是框架，需要丰满的例子填充论据

倘若我在写托福作文或者在答面试问题的时候，只说了以上论点和对应的几个支撑理由点，对于听众来说，是很抽象、很干枯的。

论据推导到论点的过程叫论证，英文叫 reasoning 或 argument，这个论证过程的方法很多，具体如下图。

举例论证	运用具体事例，真实可信，增强文章说服力，趣味性，权威性，让文章浅显易懂。
道理论证	可以增强文章说服力或文采，使论证更有力或更有吸引力。
正反对比论证	正确错误分明，是非曲直明确，给人印象深刻，使论证更有力或更有吸引力。
正反对比论证	比喻论证道理讲得通俗易懂，语言生动形象，容易被人接受。
引用论证	引用名言或引用一些普通人的说法，使其更具有权威性和大众性，使论证有力。
因果论证	让人弄清楚事情的前因后果，来龙去脉。
理论论证	目的是要证明论点具有普遍性和规律性。

但其实无论在写托福作文还是面试过程中，我个人比较倾向于举例论证。尤其是在面对面交流过程中，因为它生动、真实且感染力和带入性很强，很容易使你与面试官之间产生互动和交流。当你面试时，发现原本约定 1 小时的面试变成一个上午，面试官

从一个考核者的姿态变成跟你探讨、聊天，你们从“你做过什么项目？在每个项目中扮演什么角色、起什么作用？”变成“诗词歌赋到人生哲学”，那么恭喜你，你离拿下这次面试已经更进一步了。

用于论证的例子既可以是自己的真实例子，也可以是他人的例子、书上看到的例子、电视电影影视作品中看到的例子。

4．别忘了最后强调一下你的观点

因为前面论述了很多，中途还有可能被面试官打断提问，所以在表达完一切之后，很可能自己、面试官都记不清楚你的观点是什么了。这时候，你需要再次总结一下最开始提出的论点，强化一下你的立场和认识。

这里分享一个我自己很囧的例子，在校园招聘的浪潮下，我去一家公司面试，当时脑子比较混沌。面试官问我：“你认为××职位应该具备哪些素质？并说明理由，素质必须是单个不相关的点。”在回答的思路上我倒是使用了这种结构。

提出观点：我认为是a、b、c这几个素质。

提供论据：为什么是a呢？理由是1、2、3；为什么是b呢？理由是1、2、3；为什么是c呢？理由是1、2、3。

然后没了，我表示回答完毕。结果面试官机智地问我：“你说的第二点是什么？”然后我脑子一抽忘了，这是很尴尬的事情。

其实如果养成强调的意识和习惯，不用他提问你自己就可以总结出来，既赚了印象分，又使自己的回答有条有理。

论证和引据例子这个过程，能讲的面试者总是侃侃而谈。谈什么、怎么谈看似虚悬，但其实非常考验面试者与面试官的能力：

一方面考验面试者的综合实力，即阅历积累、价值观的升华、思维的活跃度及迁移度等——这决定了你讲不讲得出来，讲得好不好。

另一方面考验的是面试官的综合实力，同样也是阅历积累、价值观的升华、思维的活跃度及迁移度等——这决定了他听不听得懂，能不能慧眼识珠。

所以，对于面试，在该你回答和表现时你需要抱着“舍我其谁”的信念，使用如托福写作一样结构化的思路：明确抛出观点——给出支撑论据（包含论证论据的例子）——总结陈词，再次强调论点。同时因为价值观的不同，对方真的有可能无法理解你，或者也许你就是没有准备好，或者没有对口的招聘岗位，所以你还需要抱着一颗“无心插柳”的心。

5. 做个有心人，生活处处是面试答题素材

我在写作的时候看到过关于钱钟书先生的一段描述，钱先生爱读书并且很爱做笔记，甚至做笔记的时间比阅读一本书的时间还要长。在这样的日积月累下，他写文章时很轻松就可以旁征博引，而文章也写得饱满充实。

其实面试何尝不是一次个人小演讲。

当面试官对你进行发问时，你通过自己的积累和理解，就题目发表观点。而面对一个话题在自己脑海中罗列观点的速度和能力，很大程度上取决于你平时的积累和思考。

我曾很多次在面试过程中，巧妙地讲自己早上看到的文章、前一天读到的书，或者偶然间看到的有意思的字句来进行面试作答。

这种积累大可不必专门找时间进行系统性收集，完全可以利用碎片时间获取，并定期翻出来进行回顾和总结即可。

下面来说一说曾经被问到以及看到的一些比较奇葩的面试问题。

（1）如果一个投资人因为你这个人本身而不是项目给你一笔钱去投资，你会立刻去投资什么？为什么？

我记得我的第一反应是："赶快想一想，我要做什么，观点 + 论据"，我说，"那先在北京买个房子"，然后面试官哈哈笑了笑，然后给了我几秒钟对思考的内容进行逻辑编程。然后接下来就是观点 + 理由……

（2）请告诉我一些你在生活中所做的让你感到非常自豪的事情。

（没遇到过是看到的）对于这个问题最需要注意的点是，这个事情到底要说什么，小心掉进坑里。自豪的事情如果说得很小，容易让不了解你的人觉得“咦，就如此抱负啊。”说得太大，可能面临被贴“吹牛”的嫌疑，而且后面面试官还可能盯着你这个大项目刨根问底。

（3）我为何不会聘用你呢？

（没遇到过是看到的）如果是我回答这个问题，我会选择反话正说的策略。第一句会说“因为你看走眼了。”当然，这需要审时度势判断一下形式，然后再正面说聘用的理由，其实结构还是观点 + 支撑理由 a、b、c。

最后，用托福写作文的思路总结一下应对面试答题的方法，一共分为三步。

（1）一定要有鲜明的观点。

（2）横纵延伸找支撑理由点，理由点只是框架，需要丰满的例子填充论据。

（3）总结陈词，强调观点。

但是实际回答中对应的例子、思路需要阅历、读书、思考的长期积累。另外，还需要抱着一份平常心。虽然面试能力强并不等同于工作能力强，但拥有一些较强的面试本领，同等情况下能够帮助你更快速便捷地进入你心仪的公司或领域。

进入职场的第一门课：请告别你的这些“学生思维”

在职场待的这几年，见过无数种人，有果敢的、有柔弱的、有唯唯诺诺的、有狐假虎威的、有莽撞的、有天真的、有无存在感的。有每经历一个人，就像是经历了一个故事，他以自己的方式作为，你却以受众的形式感受。

最终，他所有的作为作用到你身上，你所有的反应决定了你是哪一类人。

这里套用《欢乐颂》中的一句台词，职场如同江湖，江湖有江湖的规矩，职场有职场的原则，如果不懂规矩，只会被淘汰，有时候年轻并不是一种优势。

对于刚入职场的新人，虽然没有长时间的工作经验积累，但是也并不意味着就要任人指挥。其实工作中的“老人”和刚进入职场的“新人”相比，抛开实际积累的项目经验外，更多的差距是思维方式的差距，即新人可能沿用以前在学校里和老师、同学相处的学生思维来应对工作中的老板和同事。

然而现实的情况却是，在职场中学生思维是不太受用的，甚至有时是会束缚你的发展的。那么具体来看，职场中的学生思维有哪些？又应该如何摆脱这些思维呢？

1．最后期限不代表你任务的完结

在读书的时候，我们要完成的课题研究、作业以及对于某一科的考核，都是由老师统筹安排，给我们限制一个最后时间，来推动我们完成的。

我们需要做的只是在有限的时间内最好地完成任务，然后获得老师的好评并得到高分。在这样的模式下，只要我们按照要求很好地完成了任务就能获得好的成绩，这导致了我们慢慢认为，这种被动式进取就是进取的唯一模式。

换句话说，如果你被要求完成一个课题研究，采用实际调研或资料引用的方式均可，只要在各个方向上面研究的深度够，推导的逻辑严密，同等高质量地完成都可以获得高分。于是就慢慢形成了只要在要求时间前高质量完成既定方案就可以了，至于其他备选方案，后续进一步跟踪研究，实际效果怎么样，我们不会太过关心，因为只要拿到高分，就一定程度意味着这项任务顺利完结了。跳出原有模式去做更多探索变成了额外的附属品。

这是学生时代我们形成的一种习惯，即等待被安排和在限定时间内促使完成。

然而工作中却并非这样，一个项目的周期和一个产品的迭代并非是设立一个最后期限就可以完结的。事实上每一个项目周期，每一个季度都会有对应的指标和考核标准，同样，对于你所负责的项目本身也有其需要承接的使命和任务。

在接到一个新的任务时，学生式思维会按照原先的模式极力推进，以保证在有限时间内完成，而不会去想为什么要做？目前产品市场状况怎么样？竞品的市场状况如何？可以使用哪些方法？为什么会是这样的方法？完成后后续有哪些跟踪效果的措施？预判可能会出现哪些效果？可采纳的解决方案是什么？

前段时间看到一篇名为《说来惭愧，我的助理月薪才五万》的文章刷爆了朋友圈。里面有这样一段描述让我印象深刻，原本我以为她会拿出一份 80 分的产出，而她却做到了 120 分，而且最难得的是，每个人都努力做到 120 分。

通常情况下进入一个公司的新人，在初期会有一个类似于指导者的人来带你入门，告诉你基本的工作流程和方法论。然而久而久之，这样的指导者会变为你的同事，不会再有人来提醒你和协助你。而当你的产出仍然是在限定时间内作答，没有前后跟多深度的思考的话，就会与老板的实际预想产生巨大的差距。

2．暴露风险不是为了兴师问罪

小时候如果我们做错了一件事情，比如考试考砸了，东西弄丢了，或者在学校里和某个同学打架了。回到家里面对家长提问，今天一天过得怎么样时，我们通常是心慌意乱，且不敢讲出实情。

只要家长没有发现，我们还是更倾向于用“挺好的，还不错”这样的话敷衍过去，以免暴露了真实情况被家长责问。

虽然进入职场的人距离这样的经历已经很久远了，然而这种害怕暴露问题被兴师问罪的心态却仍然存在。

我曾经合作过的一个团队有一名工程师，平时合作的时候给人一种勤奋积极的样子，大家对他的印象都非常好，但在几次合作对接中，每次项目存在风险，比如在原定时间节点内因为人力吃紧或者前期研发预留时间不足等原因导致项目要被延迟时，或者被用户反馈了一些已知问题时，他都不会主动给团队和老板暴露风险，一直要拖到最后时间节点，所有人力物力都准备好要做下一步上线工作时，大家才发现原来现状离上线还有很大差距。

其实这样的行为就是一种不敢暴露问题，害怕被兴师问罪的表现。然而，这样表面看起来可以避免因为暴露了问题而被问责的风险，长期下来实则对于个人成长以及在团队中的口碑信誉都是很有影响的。

最关键的是，工作几年的人都非常有经验，是谁的问题其实都能看清楚。而每个人也永远不会在一家公司、一个团队待一辈子，总有一天会去到新的环境去接新的团队和项目。如果一直带着这样一种处理问题的方式，总是会撞到枪口上的。

那么，在工作中如何合理地做好风险控制呢？

首先，在项目启动之前做好准确全面的预判，你给出时间点前一定是反复确认和核对准了的，而不是随随便便拍脑袋想出来，结果到了具体实践的时候发现并不是那个样子的。

记住，很多时候在工作中你给出的并不仅仅是时间点，更是你的个人信誉和口碑。

那么在准确给出时间点后，可以在项目中用口头或者线上的沟通方式对时间点做一个周知，并对风险做一个提前预警，这就是“丑话”说在前面，风险前做好预判和预估。

其次，每个时间节点定时检查，有条不紊地记录进展。

项目是分周期性的，拿互联网产品开发为例，我们通常的时间周期分为了需求收集阶段、需求讨论和确定阶段、需求文档撰写和设计方案实施阶段、需求评审阶段、开发阶段、测试阶段和最后的上线阶段。

每一个阶段都会存在对应要去完成的任务项和时间点。那么有一定工作经验的人在项目推进的每个阶段都会定期去检查项目的进展情况，如果有遗漏和延迟会做到及时暴露。

3．敢于主动挑大梁

刚进入职场的前三年，你会发现一个现象，主动承担更多责任、风险和事务的人，往往是成长最快的人。

挑大梁不仅是承担更大的责任和风险，同时还要界定和规避低效率重复劳作。奥卡姆的威廉说过，对于可以用不多的精力就能完成的事情，过多的投入就是愚蠢。

这也是为什么一些人虽然有十年的工作经历，却在执行力、锐度上远不如一个只工作了三四年的人。原因在于，工作中所有的成长和蜕变是和项目本身息息相关的，最高效的成长一定是和项目一起成长；时间的长短并不是衡量工作效能的唯一标志，对于一个从零开始接手跟进一个新兴项目并在这个过程历练、总结的新人，并不比一个在稳定成熟项目中以消耗时间来权衡产出的人差。

承担责任和风险其实和人性是有一些违背的。人性的本质很多时候在做选择时会趋利避害，衡量投入产出比，降低风险实现收益最大化。然后在工作中，尤其是前三年，它并不一定是一个适用的准则。

参与更多和承担更多的目的是为了使你可以在相同的时间内比别人接触和学习到更多的东西，用一年的经历实现别人两三年的能力增长。这看起来痛苦，实则是蜕变和成长的机会。

4．跳出舒适领域

切勿用一种身份锁定自己。比如我身边有很多搞研发的同事，在跟他们聊及程序和一个需求的实现时，他们侃侃而谈，并且会为如何更快更巧地实现一个功能而高兴得意。

然而一旦谈及他们专业外、行业外的其他东西时，就会发现他们很难跟上你的思维节奏，无法产生共鸣，而他们自身对这些也并不感兴趣。他们认为只要在自己熟悉的知识领域做好就可以了。

而且最为可怕的是，不光是工作本身，他们的生活习惯和工作模式、套路也具有一以贯之的特性。比如，吃饭的时候都是和工程师一起，不会和其他工种的人一起吃饭，每天固定去那几个吃饭的地方，不会尝试新鲜的体验，更不会刻意培养自己拓展跨领域的社交和人脉圈。

跳出舒适区的另一种说法是，你要不断去做你技能池子以外的事情。比如当你刚进入工作时，用 Axure 画一个逻辑清晰严密的原型图对你来说是知识盲区，是你舒适区以外的新技能，那么当你学会掌握并且熟练使用后，就不能停滞于已掌握的这项技能本身而不去开拓新的业务能力了。

5. 拒绝低效产出

工作中不免会见到这样一类人，总是有做不完的事情，总是在加班，但是事情还是一而再再而三地被延迟，无法如期完成。实际上，低效的产出比高效的偷懒还可怕。

我曾经对接过一个设计师，在外人眼里他有点不务正业，在办公区养花、养多肉，时不时还带个照相机来拍照。他不会经常加班，更不会一直坐在工位上对着电脑抠图。相反，他的工作弹性非常好。虽然他不是常人眼中的勤奋员工，但是他交付的设计稿的质量却总是最高的，而且都是在规定时间内完成。

当然，我也对接过这样的技术人员，每天加班到十一二点，甚至有时候周末还去加班。总是坐在工位上，除了正常的吃饭和上厕所，似乎哪里都没有去过。可是他的代码质量却很差，总是出现各种问题，并且多次因为时间预估失误而导致项目延期。

这是为什么呢?

其实这和我们读书的道理是一样的，有些人每天都把自己埋在书海中，看书做题，然而成绩却不见得提高多少；而另一些人却在学习之余还会去做一些自己感兴趣的事情，比如看书、学琴、进行体育运动。

其实，衡量产出和成效的方式是结果导向，并不能够单纯凭借消耗更多时间作为判断依据。勤奋只是员工表明工作立场的态度，但是如果只是勤奋却低效，也是极其不可取的。

那么，如果希望可以避免这样的低效产出，需要做哪些事情呢?

首先，你需要分清工作优先级。

如果在同一时间内接到领导派来的多项任务，你应该自己根据经验和已有项目进展情况排列出来一个优先级并对应给出为什么。这里的优先级一定不是拍脑袋想的，它是根据资源可获得情况、你自身的实力、团队实力及某些风险预估来决定的。

确定了优先级后应该立刻和你的上司进行沟通确认。如果你们的思路一致，那么你应该做一定记录，比如发一封邮件或者书面形式周知一下涉及项目的其他同事。如果你们的思路有出入，应该了解区别及原因，并快速达成一致，确定结论并按照第一种方式周知其他项目成员。

其次，合理分配时间，不做重复的无用功。

事实上，很多工作中的低效是因为大量重复的无用功导致的，这跟个人工作习惯相关。比如，同样是做数据，有些人做完一天的数据后会把它放入总的数据池子，并且删除在做数据过程中废弃掉的文档，避免过后混淆。但是有些人做完数据之后，就立刻关掉电脑丢在一边，时间一长，等再次被问及数据时得去电脑里找半天，而找出来的很多是做数据过程中废弃的无效文档。

这其实是工作习惯问题，从小的事情开始，有条不紊地记录和整理自己的工作库，让自己成为一个高效产出的人。

最后，从你是谁到你还能是谁。

你是谁其实是身份认知问题，而你还能是谁是突破已有身份认知，创造更多身份的问题。

之前在一款职场应用里回答过“如何看待 10 个应届毕业生中有 8 个想当产品经理？”这个提问被广泛转发。

其实，提问本身不是应届生和往届生从事产品经理比例的问题，而是对产品经理这个职位的认知，放大了说，是对职业的认知。

产品经理在我看来只是个角色代号，工种名称而已，叫经理不科学，其实叫“设计者”更贴切。当然了，从设计者到经理，再从产品经理跨越成为好几个项目的负责人，那是行业内职业发展纵深路径的问题，不是这个角色本身。

之前看到一篇文章深受感触，大概引用一下这篇文章里面的部分内容：“马云马伯伯喜欢打太极，并用太极文化来辅助自己的经营；史玉柱叔叔除了工作就是玩游戏，还通过玩游戏抵御了很多诱惑；王石王叔叔就更不得了了，登山、航海、飞行样样都来……很多的商业领袖都有自己的爱好，这些爱好可能是他们人生的调剂品，可能是事业的助推力。这些东西在帮助他们，也在填充他们，让他们充满活力，继续战斗。就连国民老公王思聪，看起来天天像个宅男，玩游戏，可他在投资方面也绝对不容小觑……”

一个人应该是多方面的，有工作，有事业，有爱好，人生才不受局限。用老话讲就是技多不压身。其实越是那些大佬们，越难用角色概念定义他们。

然而对于普通人，你可以很容易找到定义他们角色的词语，比如开出租车的、教书的、送外卖的、坐办公室的，等等。这么说并不是鄙视这些普通人，事实上我现在也是其中一位。

不要轻易认可自己被一种角色绑定，多学多看多经历，角色越多，你站的高度就越高，而眼界、情怀、格局自然也就不一样了。

从事互联网、任职产品经理，只是一种职业选择，一种角色选择而已，它并不代表什么。按照正向分布的理论来理解，每个时代的年轻人都会有一部分去选择这个时代比较火、比较有发展前途的行业或工种，这并没有错，但决不能将这行业本身就界定为你的身份本身。

就像《搏击俱乐部》中的一段经典台词：

你的工作不能代表你，银行存款不能代表你，你开的车不能代表你，皮夹里的钱不能代表你，衣服也不能代表你，你只是平凡众生中的一个。

因此，你需要提早做职业规划，将目前现状和未来趋势做联结，要尽快确定在所属行业和公司自己的天花板在哪里，以及突破天花板的意愿、可能性和方式方法。并了解当前行业有哪些新的动向，是否和自己目前所处领域有关联，是否有兴趣切入，如何切入。

尽可能早地去思考和回答你还能是谁这个问题。

6. 没有永远的敌人，也没有永远的朋友

丘吉尔说过，没有真正的朋友，也没有真正的敌人，只有永恒不变的利益。在职场上，这句话同样适用，此刻的朋友，下一秒可能成为敌人，永远不要用静止的眼光看待职场上每个人。

眼前的朋友转眼间可能变成对立的一方，在你毫无防备的时候出卖你，而当下或许你还猜疑、讨厌的敌人，没准能在关键的时候为你挡刀子。

职场就像一桶水，每个人都在不同的高度往上望，但望见的却是不同的景象，看山不是山，看水不是水，下一刻到底会怎样没人能真的看得透。

职场生存之道，学会跟“对手”做朋友。

职场的成就感绝不会从天而降

你有这样的问题吗？

认为现在做的事情很没有意思，无法让自己获得成就感。觉得别人不如自己，却又很难找到证明自己能力的方法?

其实很多人对自己的工作没有成就感，尤其是对于那些初入职场不久，没有丰富的经验和人脉，尚未建立个人品牌与口碑的职场新人。

有时候看到那些在职场上如鱼得水呼风唤雨的人，心里着急却又无法跟上他们的脚步。觉得自己也有可能比他们做得更好却无法有力证明，于是久而久之陷入了深深的自我怀疑之中。

对于很多刚参加工作的人，工作的第一年会觉得有很多从未接触过的新鲜的事物，新的团队、新的项目流程、新的同事、新的工作氛围和生活环境，你会觉得生活新鲜并且充满无限未知。

探索未知的过程就是你在自己内心寻找可能的过程，找到未知中的结果你便像插上一面红旗一般，这个技能学到了，因此你心生成就感。然而当你不断熟悉和强化这个过程之后，到工作的第二三年时，你会发现通过这样的方式获取成就感的范围逐渐变小，你可能会陷入迷茫、可能会陷入恐慌。想用无限多种方式给自己寻找成就感的可能。

健康的成就感，来自于和自己比较。

龙应台说过，当你的工作在你心目中有意义，你就有成就感。而意义，就是一个来自自我界定的概念。有些人会认为完成一个不可能的任务是有意义，有些人则认为赢得一次跟别人的辩论是有意义。

我刚毕业参加工作后不久，被安排做一款全新的产品，那时刚从学校毕业的我被从运营岗调派到产品团队，开始跟进这个全新的项目。

我被调岗的第一天就参与了第一场基于产品定位的头脑风暴，在座的有很多资深产品经理、在国内一线互联网公司工作过的产品总监，和他们开了整整一天会之后，我对接下来的工作感到充满挑战但却非常新奇。

从需求讨论、头脑风暴、第一次过技术宣讲、需求评审、跟进开发到组织全员测试，全程对于当时的我来说都是全新的体验。那段时间，我的成就感来自于我每一次完成的任务，超越自己已知的领域，学习到新的东西。

但接下来的一段时间，当已熟知这些流程和既定模式之后，我发现一时间找不到自己的成就感。

前段时间和一些同学聊天，其中有一个同学对我说，他有个同事，年龄跟他相仿，平时工作之余很积极，喜欢主动请缨参加各种活动和项目。后来我同学询问他，为什么对这些事情那么热衷。

他回答说，他很享受这种碾压同龄人的成就感。

没错，对于同学的这位同事而言，其实他的成就感来源于超越他人，并以此来证明自己的实力。希望可以从别人那里获得掌声、获得赞赏和认可。其实成就感的来源是自己对于自我能力的一种认可，这种认可既可以是从与自己的比较中获得，同样也可以从与别人的对比中获得。

然而和别人相比较局限之处在于，你只能短期内知道别人的情况但是没有办法真正了解别人的改变或者进步，即如果别人停滞在那里不选择成长和进步，那么是不是说明你自己也选择比他高出一些的水平就停滞不前了呢？

如果是和自己相比，情况就远非如此，一方面，你的改变和进步是可以自己感知到的，比如，做一件事情的熟练程度，处理时间的稳准度等，都可以自我清晰明确地感知到。

从这个维度来说，让成就感来自和自我的对照，它能更长远和持久地推动你往前走。

但需要注意的是，成就感不等同于有趣，有成就感的事情是让你觉得有意义和有价值的事情，而并不一定是让你觉得开心的事情。

开心的方式有很多，比如吃自己喜欢的食物，看自己喜欢的电影，或者和喜欢的人去到喜欢的地方，种种方式都可以让你感到开心。

然而成就感却不同。

之前认识一个“90后”创业者，每天奔波于各大路演会场和各种项目创始人聊天、吃饭，你发微信给她，她总是秒回，不管是在几点钟。有好几次，晚上十点钟我有事情想要询问她，但是担心太晚会打扰到她。

于是尝试性地发短信询问她，你现在有时间吗？方便的话找你问点事情，不行明天也成。

没想到她秒回我，刚下飞机，接下来还有三个线上会要开，你有什么事情说吧。

事后我问她，你觉得做现在的工作和之前的工作相比，快乐吗？有成就感吗？

她笑了笑回答说，对于我而言，目前的事情让我找到了自己的价值，而且这个价值是呈现向量式积累和增长的。我在里面不断地完善自己，弥补自己的短板，每谈成一个案子我就为自己多找到一些灵感和思路，这个过程我觉得充满意义，因此很有成就感。而当看到了自己的能力相比于以往有所提升，我感到无比快乐。

让你感到有成就感的事情可能会给你快乐，而让你感到快乐的事情不一定能给你带来成就感。

成就感是一种不可延续的状态，需要你持续不断地定义和找寻它。

当我在读书的时候，每顺利完成一套习题集，分数提高，多记住了几个单词我会觉得充满成就感；而当我参加工作之后，可以顺利跟进完一个项目，妥善地处理与各合作方的对接，并且因此而获得好评能让我获得成就感。

而后来构思一篇另辟蹊径的文章并且流畅地完成它，受到读者的好评，能让我获得成就感。成就感本身一定不是一成不变，如果真有这样的人存在，多少可能有点故步自封，这是一个危险的信号。

我更愿意把成就感的获取看作是一个周期性的掌握，你在一个新的领域耕耘，获得技能和口碑，从而得到相应的成就感；而当你带着这样的成就感转入另一个新的领域和行业时，发现有新的不了解或者不熟悉的东西，你使用先前积累的方式和方法去掌握、了解，从而获得新的技能，直到你在这一领域获取相应的成就感。

就工作而言，获取成就感的途径有以下几个方面：

1．技艺层面：工作本身、业务技能

我曾经在买房子的时候，对很多问题不太了解和熟悉，于是不断请教和询问负责我房源的中介。当时对接我的有两个年轻人，一男一女，其中那个男生在回答我询问的很多问题时都说得模棱两可、含糊不清，给我一个非常不可靠的感觉；而那个女生却不一样，虽然两人都是刚毕业做中介不久，对于很多流程和细节都有掌握不完善的地方，但是女生的态度和方式就更能让我接受。

首先，她了解得比男生细致，同一个问题她能够准确地说出关键点，提示客户需要注意什么，哪里可能有坑；其次，对于她不太了解的，她会直言不讳地说这块她还不太清楚，并做出承诺回去后会立刻找经理请教并及时同步给我。

几次交流下来我果断选择了这个女孩作为我的买方负责人。后来据说她在业内干得也相当不错，很快获得晋升。而男生的销售业绩也一般。

2．角色视角：执行者——管理者转换

在我工作第二年开始，当我拿到一个新任务需要老板给出下一步指示前，我会习惯性做一下思考，如果我是老板，我会怎么处理？怎么解决问题会更好？如果我是这个项目的直接负责人，那么目前的状况是怎样的？有哪些利弊点？如何优化提升？

这种思考问题的习惯我一直保持着，却没想到后来在公司晋级答辩中派上用场。评委出人意料地询问我，如果我是现在整个项目的最高负责人，如何评价目前的情况以及如何给出方案。

说实话，当时和我一起进行面试的很多人都被这个问题问蒙了。因为大家都是执行层，很少会跳跃到目前负责的事情边界以外去想事情。

但因为平时做事有这样一个思考问题的习惯，因此我全面地分析了目前对业务现状的认识，对应给出了解决措施。最后那次晋级答辩非常顺利通过了。

3．多重身份：寻找一个工作外的兴趣点，先积累，再变现

技多不压身这个道理每个人都不陌生，之前听到过一个分享，说现在人们的平均寿命延长，而按照正常的退休年龄来计算，在接下来的几十年里，人们需要用退休金和之前的积蓄来养活自己。

这其实是一笔庞大的开支。

虽然退休对很多人来说还很远，但其中却隐含着危机意识带来的焦虑和不安。我们应该善于在工作之外找到一些兴趣点，并且不断完善和强化，争取成为这个领域的专家。

同时在选择这样的第二职业点和兴趣点时也要一定程度地结

合市场需求情况，考虑到它的变现可能。

4．不可小觑的软实力

对于每个人来说，软实力其实意味着不同的能力组合。但通常情况下，它表现为你的思考力、沟通力、表达力、信息收集获取能力、适应力等。

但每个人的性格是不一样的，对于一些内向的人来说，天然和外向、能说会道的人相比差了一截，即便把这块补充上去，也无法和那样的人相比。

因此软实力的培养要基于自己的实际情况，有所收放，找到适合你自己的培养方式。事实上有些时候劣势可能会被转化为优势，反之亦然。做好你的整体能力包装，跟推出一款产品一样，你的能力包装也需要有差异性和可识别度。

你所谓的焦虑，其实是对自己不够满意

朋友准备出国留学考试已经一年多了，前两天晚上她突然发微信给我，说她觉得自己快要坚持不下去了，觉得前期所有准备的时间和精力都白费了，她认定自己考不上，没有出路又不知如何是好。

晚上经常睡不着觉，白天学习起来效率也很低，拿着题看不进去，做几道题时间便过去了，于是陷入恶性循环，对学习的激情降低，对考试的抵触心理变强。

她说她变得很焦虑，患得患失，心里像压了一块巨大的石头，没办法开心起来。

我问她，为什么突然会有这样焦虑的感觉，之前有过吗?

她跟我绕来绕去说了半天，说不知道自己这个年龄了还决定出国是不是对的。朋友二十六岁了；还说后悔当初毕业没有先去找工作，等工作几年再决定是不是要继续读书。

这些就是你最近觉得自己会考不好的理由？可听上去和考试

并没有什么关系啊。我问她。

她支吾说当然不是，但还是前言不搭后语地没说明白。最后我忍不住问她，你托福模拟考试成绩是多少分？

她回答我说，最好一次考了 70 分（满分 120 分），其中几次模拟考试成绩比这个分数要低。

所以，其实并不是因为之前没有先参加工作，也不是因为年龄大了所以没有能力出去。而仅仅是因为分数提不上去，觉得考不好吧。

她不说话了。

其实这种感觉我也常有。尤其是在接受一个新项目，去一个新环境，或者是手里的事情遇到了瓶颈，没办法按照预期计划正常推进时，我就会有这样一种强烈的无力感。想要放弃，但是又没有办法直接这样做；想往前推进，却又阻碍层层，无法前行。

村上春树说过，无力感这种东西，是会吞噬人的。它会削弱你的意志，消磨你的韧劲，最关键的是，它会让你觉得做和不做似乎都一样，于是对自己放低要求，任由发展。

焦虑是一种特别正常的情绪，和生气、害怕、喜悦一样。安迪•普迪科姆在 Ted 的一期分享中讲到，其实我们的大脑平均有 47% 的时间迷失在各种思维中，这种“心灵徘徊”很有可能成为导致我们感觉不幸福的原因，因而我们在很多情况下发生的焦虑，是由焦虑感觉本身所引起的。而这种感觉不断被我们放大和感知之后，得以强化，最后形成了一种实实在在的情绪存在于我们的身体里。我们需要做的就是找到产生焦虑的原因。

1. 产生焦虑的原因

（1）不具备做成某件事情的客观条件但极力促成某件事情，这里可以拆解成为对当前状态、行为或者能力不满意。

拿我朋友的例子来说，其实并不是因为她真的觉得毕了业之后应该先工作，之后再做打算要不要出国；也不是因为她真的觉得自己年纪大了不能再去折腾。仅仅是因为考试这件事情让她受到了挫折，她觉得自己无法拿下高分，没办法进入理想学校学习而已。

（2）担心不可预知的状况发生而无力应对。

墨菲定律中有这样一个定义，如果你担心某种情况发生，那么它就更有可能发生。而这种你所担心即将发生的事情，很大程度上，是因为你暂时的能力还不足以抗衡它可能产生的种种结果，于是有一种可预见的害怕感。

其实并不是因为你想到了这件事情不好的后果会发生，于是它就一定发生。而是因为你客观上缺乏能力和准备，因而产生的畏惧心态。

看到外界不断达成和实现自己的目标，而自己的目标却难以量化和推进时，会产生这样的情绪。

比如前阵子，一篇称出自凤姐的文章《求祝福，求鼓励》一出，大家疯狂转发、点赞、打赏，甚至还有人对凤姐路转粉。

这是为什么呢?

因为这篇文章本身，借用凤姐这个人物为例子，讲述了平凡女孩如何一步步超越自我，最后去获得自己想要的生活的故事。当时很多身边的朋友看完这篇文章之后疯狂地转载，并且发出这样的感叹：

连凤姐都可以实现自己的价值，为什么自己就不可以。然后开始惆怅，自我怀疑和否定。

最后很乌龙的事情是，这篇文章被举报不是凤姐写的。不免让人觉得，很多人的焦虑其实来源于过度看中外在世界和环境，不具备独立思考的能力，没有办法分辨真伪，又缺乏一以贯之的人生观念，当别人出丑了就暗喜、嗤之以鼻，当别人成功了就嫉妒并怀疑自己。总是人云亦云，随波逐流，到最后成了情绪的奴隶。

焦虑不是急于过标配的生活，而是既没有过标配生活的能力，却又不知道未来何去何从，什么都想要，却又不具备获取的能力，认为生活太沉重想要丢掉一些枷锁和束缚，但却没有舍弃后承受后果的能力和勇气。

其实焦虑不在于外界，不在于高不可攀的房价、尔虞我诈的江湖、人情世故的职场，而在于你想进，却挤不进去；你想撤离，却又没有果敢的勇气。

2. 解决焦虑的方法

（1）学习学习再学习：

明确学什么的前提是了解为什么学习，学习是需要成本的，进行选择和取舍，需要投入时间和精力。佛罗里达州立大学心理学家罗伊·鲍迈斯特在《意志力》这本书中提出，决定是否可能在某一个领域做成事情的很大因素在于意志力。而意志力是一种悠闲的资源，用在这里就没有办法用在别的地方。

（2）做你舒适领域以外的事情：

有一种说法是，如果你总是做你舒适领域以内的事情，哪怕是多次重复，也是无效的，因为舒适领域内的事情很多是你已经具备和掌握的，你的反复是机械和应景式的，并不能让你进步。只有当你去做你舒适领域以外的事情，比如记忆最难的那个知识点，写最难类型的作文，画最不好画的部位，你才有可能真的在技能上得到实际的提升。

（3）定期回顾反思：

其实真正让你强大的，不是外力，也不是保护壳，而是你自己本身。当你强大了，对未知的恐惧能掌控了，对无法预料的事情可以游刃有余了，你自己就不会焦虑了。所以焦虑不是事情本身，不是外界环境，不是别人的原因引起，仅仅是你对于自身的情况不满意而已。

就像蔡健雅在《达尔文》中写道：

有过竞争 有过牺牲
被爱筛选过程，
学会认真 学会忠诚
适者才能生存，
懂得永恒 得要我们
进化成更好的人。

其实离职也需要个“黄道吉日”

之前在网上看到这样一个说法，年薪从 10 万元到 30 万元可能是努力的差距，但是年薪从 10 万元到 100 万元、从 100 万元到 1000 万元的收入差距，其实和努力本身最不相关。而与之更加相关的是更高级的认知，给自己的胜出增加筹码。

认知升级，比如你对于职业的界定，对于你获取收益的途径判断，并不是所有的阶段通过消耗时间，以时间为成本来获取就会有所回报。选择职业是这样，离职也同样如此。

现在飞速变化的世界,并不是从一而终的稳定就意味着保全。相反，社会的大跑道始终存在，只是每个人身处在跑道的不同阶段和位置。然而对于资源的争夺是永恒不变的话题，并不是你跑得快或者在你的跑道看不到飞速快跑的人，就代表着你赢得了竞争或者你不需要竞争了。

离职作为职业路径的一次转变，它对于一个人的认知有什么样的要求呢?

❋ 该不该离职？工作几年该离职？

❋ 在网上或者有时跟周围同事聊天，总会遇到这样的问题：

❋ 我工作1年、2年、3年了，该不该离职？

❋ 我们团队氛围很差，老板很傻，该不该离职？

❋ 我遇到了一个总是挤兑我的同事，该不该离职？

❋ 我觉得现在做的事情非常没有意思，我个人得不到成长，每天就像是一个螺丝钉一样，该不该离职？

❋ 我太累了，想休息，该不该离职？

除此种种情形，可能还会遇到其他的。

在回答该不该之前，首先让我们客观地来看一下离职的几种情况。离职，包括主动离职和被动离职，主动离职里面当然会有各种原因，如上文列举到的；而被动离职则可能因为试用期没过，绩效考核较低，被劝退，或者直接被裁员。

那么以上所有的情况都可归结为你停止在原来项目或者公司工作了，面临去新的公司面试找机会的情况。

其实离职没有一个必然的时间节点，比如1年或者几年就应该离职。它是很多因素造成的结果，包括你所处行业、所在公司、所在项目、项目中决策领导的风格、项目中同事合作的方式、你在项目中所处的地位和形式、你自身的上升空间以及“天花板”等。

从以上来看，该不该离职这件事情是由外部环境和自身情况综合决定的。在外部环境不好左右的情况下，主要就是剖析自身原因了。

通常情况下，3 年的时间才有可能对一个项目、一个行业有一个基本的认知。而 1 年的时间是比较难较为全面客观地认知整个行业和系统的。

较早的离职，除非是有更好的机会和更大的平台，否则对于资历的积累和对行业认知的沉淀是弊大于利的。

1. 哪些情况可以考虑离职？

从自己的原因进行分析，可以简单归纳出以下几种情况。

（1）目前手中项目已到“天花板”，没有更大的突破空间。

比如你目前是一个 5 分的水平，而手里的项目只能满足你实现 3 分的成绩和个人发展，并且短期内它没有可能突破和改变，那么在这种情况下，出于对个人成长和发展的考虑是可以综合评估一下是否离职。

事实上，这种情况在一些大企业里面比较常见，与之相应存在的，还包括类似团队的执行力和项目把握能力低下，已严重影响和制约到个人能力的发展。

通常情况下，大企业的项目趋向于成熟，且大多数产品和项目都属于中后期即成熟期和成长期，并不是最开始的一个冷启动阶段。在这种情况下，新手处于一个从零到一的项目中，成长是相对较慢的。

大部分的大公司分工明确，权责划分较清晰，通常在考核指标和项目凝聚力建设上，容易被引导去只关注你负责的部分，而忽略了项目的全局和本身。

久而久之，这种全局的视野很难得到开阔，并且把握风险和控制风险的能力会被削弱。

当然，大型企业也有它的优势。比如，这里有广阔的平台和最一流的人才，对于你构建自己的社交圈子和人际关系，并且丰富自己的知识体系是有很大作用的。

同时，大型企业非常注重人才培养，会给予年轻员工中优秀的成员一些快速发展的机会。包括授权去独立支持一些项目。

因此，面对这种项目自身到达“天花板”，无法满足个人更好成长的情况，需要综合考量自身的情况和职业规划方向。是想继续在这样一个只能给你带来 3 分的项目中维持 5 分的水平，还是跳出这个圈子，打破舒适领域，去到一个能够给你带来 7 分甚至 9 分成长空间的项目历练。

（2）外部有更好的机会。

另外一种情况是,外部有更好的机会。这个机会包括项目本身、团队本身、领导个人号召力和影响力。

而针对这种机会，有的时候甚至并不是因为有那么大的品牌作背书，纯粹是因为你看好这个领域、这家公司以及这个创始人本身，并且坚定地相信自己愿意做这件事情，愿意跟着这个人去做这件事情。

当然外部的机会也绝对不仅是一些初创类公司，也可能是同等水平的其他大型企业的机会。

这里主要需要做好评估，确定清楚外部的项目本身是个什么情况，可以通过直接询问或者侧面打听。关于侧面打听这件事情我多说两句，如果你想转入一个新的公司和项目，却找不到人打听这个项目的情况和背景，那么说明你可能并不适合做这次尝试。

因为找寻、筛选信息也是一种能力。如果这项能力还有所欠缺，是不是留在原来项目补齐了再做更好？

（3）转行。

转行是比较特殊的。转行也分为相近专业转行和较远专业转行。

比如，这些年产品经理成为一个很火的职业，很多人借此转向做产品，然后总会询问我，做产品经理需要具备哪些能力？需要什么学历？

其实，对于转行这件事情，我的一点心得是，如果跨度很大，那么越早转越好。比如，如果你学的是机械，毕业之后在对应领域工作了几年，你想转向做产品，那么可能性和难度就是非常大的。

但是，对于这种跨度大的如果你转得早，比如一毕业实习就跨专业去到你想去的领域，或者工作个 1 年左右开始做准备，会相对容易一些。比如，我之前有个同事大学学得造纸，毕业就转向做产品，现在是产品经理。

如果跨度一般，比如从运营转产品，从设计转产品，从交互转设计等这种行业内部转变，就相对容易一些，并且先前的经验和积累也可以作为后续工作的基础。甚至有的时候会发挥差异性优势。

比如，之前有一个产品经理同事是从设计岗位转过来的，他的 PPT 做得非常漂亮，很具设计感，跟一般没有做过设计师的产品经理做出来的 PPT 质感是完全不同的。

因为老板很喜欢让他帮忙做汇报的 PPT，所以他有更多的机会和老板交流沟通，让老板更全面地认识他。

（4）其他原因。

我把很多个人主观臆断的原因归为了其他原因，诸如，不感兴趣、不喜欢从事的事情、不喜欢公司的氛围和领导等。

工作本身就不是一件由兴趣导向的事情。工作的本质就是一种交易，你出售你的时间，公司付给你报酬。它一点都不浪漫，也不是一个多有情怀的东西。

只不过，有一些人非常的幸运，他们所从事的正是他们所热爱的。因此他们乐此不疲，找到了人生的价值。但现实的情况是，大部分的人很难两者兼得。

用工作来养活自己，从而从事自己喜欢的事情是大部分人的真实写照。因此，这也是为什么会把这一类原因归在其他原因中。

这里赘述一个观点，之前在一个职业社交应用上有人提问，老板倾向于提拔内部元老还是外来的和尚？

外来的和尚和元老，总有一天都会有一个共性，那就是都是这家公司的员工，有了这个共性，其他的都无足轻重。

如果你是老板，你会提拔什么样的人呢？正常的老板肯定会提拔对自己对业务有用且能干，有高效产出的人，而这个人又颜值高、随和、聪明、人缘好、关系好、情商高，那不提拔这样的人提拔谁呢。

很多人会去评估老板不喜欢自己，肯定升不了职。老板不喜欢自己有两个原因，一个是老板方面的原因，你左右不了但是你可以选择，比如离职；一个是你自己的原因，结合第二点对比参考一下自己还差多少。在我看来没有笨人，大家都很聪明，但是却有很多自我认知不到位的人。

所以，我觉得重点不在老板会提拔外来的和尚还是拼命三郎的元老，而是对一个人综合实力的考察。因此自己是新晋员工，没有背景不认识人不太适合作为离职的一个原因作为考量。

2．提出离职的最好时间

这里要说明，每一次变动都是具有一定风险和成本的。但这个世界是不断变化发展的，唯一不变的，就是变化。顺势的变化会正向推动你的发展，甚至在合适的顺风口，你就能够飞得很高。

但正如硬币有两面一样，每次变化并不代表会比之前好，人无完人，环境和公司也一样，有它好的地方，就一定有它不够完美和不尽如人意的地方。所以你需要做的事情是把有利的因素联结起来做一个权衡和对比。

通常，大型企业每年年终和年底有考评，而相应的跳槽或者离职高峰期集中在这两个时间节点先后。同时，每年开年初期也是很多公司开工的时间，这个时间节点相较于年底做账务收紧的阶段，会空出更多的岗位。

当然情况也不唯一，比如有专门的人引荐就不必太过纠结时间。总的来说，离职的时间也需要考虑实际节点，毕竟部分的收益也是对你之前工作的肯定。

（1）离职前需要做好的准备。

提前准备好下家，通常这也是一个基础，在你对现在公司提出离职前是已经收到了下一家公司的录用通知并且确定了准确的入职时间的。

这样可以更好地保障你的社保与公积金的缴纳对接。当然，也有特殊情况，比如希望这期间有一定的空窗期，去旅行、学习或者休息，这也是可以和下一家公司商量的。当然需要一些技巧，可以用交接时间、家里有事情处理等方式进行推动。

就现在的项目做好交接工作。通常规定是要在离职前一个月正式提出申请，并在这个过程中开始推进交接工作，不再接受新的任务和安排。这个需要把握好时间。通常是先找你的直属领导面聊，面聊后最好有一个比较正式和书面的申请记录，可以使用邮件的形式。

在一些公司会有专门受理离职申请的系统，在系统上正式提出申请即可。

（2）有没有后悔药可以吃?

很早之前，我第一个项目的领导对我说，离职或者转岗这种事情，开弓没有回头箭，既做了决定就一定要坚持到底。

确实是这样的，但也有特殊和例外。这主要取决于你离职的根本原因，是因为项目、个人发展，还是因为单纯不喜欢领导。

我第一次选择离职主要是第三个原因，事实上前两个并不是当时最大的问题。我也深知留下来是一定可以学习和成长的，只是无法忍受领导的做事风格和性格。

于是我提出了离职。通常这种情况，提出了就意味着没有什么转变的机会了。但事实上，一个大的项目通常是有很多组构成的，有一个负责总协调的大领导。碰巧那时候大领导对我印象不错，希望我可以留下来并把我安排到了其他项目组去，由一个新的领导带我。

经过考虑之后我选择了留下来。后来在新的项目中也做得不错。这说明，很多事情并无绝对。因此你如果想要有后悔药可以吃的话，在推动和处理事情的过程中，别做得太绝。

正所谓给自己留一条后路。

时间管理是高效人士必备的技能

小乔来找我要托福考试的资料的时候，她已连续考了三次托福。

我说她败家，她还不承认。她说自己勤俭节约，至少比她那个圈子里的很多人好。对于包包，她不会见一个买一个，一般只要几个品牌的经典款，对于衣服鞋子也是适当添加当季的新款，不一定每一顿都要吃山珍海味，时而在公司食堂对付一下也行。所以用这个维度去衡量她，花 4500 元钱考 3 次托福，平均分 48 分（满分 120 分）好像也说得过去。

这次小乔来找我，不是问托福考试每一科目的学习方法。事实上，关于方法的问题我已经说过很多次了。

词汇是基础，如果想准备自学托福，4 级词汇至少是需要掌握的。在这个基础上可以配合学习托福核心词汇及其他更高要求的词汇。阅读能力的提升不仅依赖于词汇，还有语法和断句能力。小乔读书以来老师给打的语法底子还算不错，几类从句，几种结构她都能掌握，所以我就只推荐了她一本比较好理解、易识记、不那么枯燥的语法书籍——《十二天突破英语语法》。在买书、买资料这件事情上，她还是很有热情的，我说完第二天她就下单买了这本书。

但是她的阅读成绩还是不高，我跟她说，除了语法还有一个很重要的东西，就是要学会断句，即能够划分句子结构，阅读不同于口语表达，很多文字类的东西为了减少篇幅，是会删减一些连词，用更简单的如插入语、同位语去替代原先完整较长的从句，这也导致了很多句子第一眼看过去找不到主干。我就听说过 GRE 和 GMAT 的阅读题目中，很多素材是来源于国外论文内容的，而论文原文通常篇幅很长，为了在有限的篇幅里完成信息的传递，出题人会把较长的句子简化，能不用从句就不用从句，能用词替换结构就一定不用结构。

所以为了尽快习惯和熟悉这种复杂句子，快速找准主干，我给小乔推荐了一本书《GRE&GMAT 长难句分析》。这本书对于学习托福的人来说，是有点难的。可在学习这件事情上，我一直持这样一个观点，对于一门新手艺或者新技能，学习之前先摸清它的结构层级，找到金字塔顶端的构成，在条件基本满足的情况下，可以选择逆流而上先去啃最难啃的那一部分。因为这样做下来虽然前段很难，但是只要能坚持，后面会越走越容易。

小乔还是听话的，以上推荐的书籍和观点她都接受了。但她这次来找我的原因是，她觉得时间不够用，就像有什么无形的力量偷走了她的时间一样。

她每天都会给自己制订计划，要完成哪些任务、精确到几点、精确到完成的内容项。尤其是周末，她总觉得一下子有了完整的学习时间，于是会给自己制定一大堆宏伟的目标和计划，甚至把所有的资料和书籍都抱回去。她也笑称，当时心里就坚定地认为，自己只要按照这两天制订的宏伟计划走，一定可以拿下高分。

然而事实却是这样子的：

她回到家后，先看看时间，已经6点了该吃点东西了。于是把一堆书放下就开始考虑是订餐呢还是做饭，犹豫大概十多分钟时间，她认为做饭会浪费时间，而订餐不用洗碗，可以节省时间，于是她选择了订餐。

她首先选了A订餐软件，在里面搜索了半天，从西餐换到中餐，又从中餐翻回到西餐。好不容易，她确定了今天要吃一份西红柿牛肉便当。还没等她点击确定下单时，她突然想起来好像在B订餐软件上还有10元优惠券没有用，刚才说过了，小乔还是自诩为勤俭节约的人。于是她毫不犹豫地关掉A软件，打开B软件，这时半个小时已经过去了。她在B软件找到同样的餐品准备下单时，发现西红柿牛肉便当不支持使用这张优惠券，于是她又在B

软件中，支持使用这张优惠券的餐厅里面挑选了半天，当她选完1个小时过去了。

关掉软件，不自觉地打开了微信，开始刷朋友圈，等她放下手机，已经7点40了，她觉得很疲倦。

小乔来找我，是想问我有没有针对浪费时间这个问题的解决方法。另外，她想申请到我家来学习。

我果断拒绝了。

我是这么回答她的，我家里有各种好玩的，游戏机、尤克里里、各种书、两个Pad，还有一个爱说话的我。你如果自己在家都静不下心学习，为什么就觉得到我这个环境就能学下去呢？

科学点来说这件事情，人的注意力是有限的，本身我们强迫自己专注于一件事情，尤其是考试这种非主观兴趣推动的事情上，专注力本身在维持上就会大打折扣。在这个过程中，你会发现很多事情都有必要做。这些事情可能是，掏掏耳朵、吃吃水果、翻翻漫画书、抱着琴拨弄几下、刷刷朋友圈、剪剪手指甲。总之干什么都行，就是别让自己看书，这种感觉我是体会过的。

我记得读高中的时候，有一个老师说过一句话让我印象深刻。那时候一个班的学生很多，有60人，教室很小，所以坐着就是人挤人，说说小话，动一下旁边都会明显感觉到，是很明显的“相互影响”。于是有一个女生就给老师提出要换座位，自己单独坐到最后一排远离其他同学的位置上去，这样她就可以不受影响了。

老师说：“一个生物哪怕到了绝对纯粹的真空下待着，都会面临自爆的危险，那么世界上存在绝对无干扰、平静的地方吗？”

所以，外界影响是一个常态。

偷走你时间的，不是书架里的漫画书、电脑里的片儿、手机里的好友状态，而是你订立的计划和目标。大部分人还是喜欢生产—鼓励—生产的模式，一个不切实际的计划，看上去会让你觉得雄心满满，但实际做起来，只会让你觉得越走越远，一旦某个子计划未达标，下一个时间点的计划就会被延迟，计划延迟一多，积极性和成就感就大打折扣，于是习惯性地就会选择注意力转移。

所以我给小乔建议，在制订计划时，比如托福学习上，可以采用“大小结合”的方式。

有一个宏观的大计划，今年内要完成100套题目。这不是一个短期内就可以完成和实现的内容，一定是长期的。同时，将这个大计划映射到每一周，拆分成一个一个小部分，比如一个月需要完成8～10套。这样每周、每天的对应需要完成数据就出来了。

长期坚持一个一成不变的计划，会让人觉得疲倦，所以需要给计划增加一些佐料。即随机计划，比如今天状态很好，对一个类型的写作话题很感兴趣，那么可以尝试适当增加和延长这部分的训练内容和时间。然后缩短其他原定计划内容，这样计划就是有弹性的、有生命力的，而不是一纸白纸写在那里的，跟你的实际状态毫无关系。

如果一个计划是没有生命的，你感受到的就是它在不断地占用和消费你的时间；如果一个计划是鲜活的、有弹性的、有生命力的，那么你会感受到它在帮你完成使命。

我说完，给小乔递了一本书——《一生的计划》，心里嘀咕着不知道她这周学习效果会怎么样。

希望新的建议和推荐的书籍对她有用，希望对你也是。

转行不是耍酷，你最需要找准合适自己的路

小说《偷影子的人》里说过，永远不要把人拿来比较，每个人都与众不同，重要的是要找到最适合自己的差异性。

最近常有人留言问我，是怎么做到几次 360° 跨界转行的，到底是报了什么班、看了什么书……

同样也有不少人向我寻求帮助，不喜欢自己的工作，也不喜欢自己的专业，要怎样转行呢？

本来，我以为转行是一件非常普遍的事情，没太留意，但发现接下来问这个问题的人越来越多，频率也越来越高，于是我也就开始思考了起来，是啊，我到底是怎么实现转行的？为什么转行就这么困难呢？

不禁想起在短片《雇佣人生》中，短短的六分钟视频无声演绎，向世人诠释了一部分被身份和固有模式限制住的人，生活得如同一樽躯壳。

毫无自我意识，惯性地行使所谓的职责。

这段视频内容，引起了大家的广泛热议，有一种说法我是很认可的，那就是虽然每个人的生命都会走向尽头，但是活法却不止一次。身份只是一种选择，并不是选择了一种之后就要一成不变地从一而终。

现在很提倡身兼数职和跨界，而提及转行，似乎是一个时髦的词，被夸转行的人听到这个词总是扬扬得意的，好像身兼数职就像有了全世界一样。

然而，我却一直认为，一个人不是只能做一件事，但也不是任何一件事都应该去做，关键是找到真正适合自己的。转行并不是一个人想要做成事情的目的，而只是手段和途径而已，通过这样的途径去找到适合自己的方向，所以过分放大这个手段而不卖力去实现，是毫无意义的。

所以不要盲目转行，一定要有一个能够说服自己的充分的理由。在说如何转行之前，我先来说说，我都做了哪些转行。

1. 第一次转行

会为了100个汉字读起来顺口、抓人而冥思苦想好几天；会为了到底是用“驾享”“悦享”还是“乐享”左半脑和右半脑打架；会在路上、公交车上或者是地铁上，看到一个东西，让它形成画面，并且带着画面感去捕捉创意；会和同事吃着拉面，突然拍着桌子，兴奋地说，“就是它，运动你的伟大！这句话牛不牛？”没错，我当时是在做文案。

2．第二次转行

从一个非英语专业转型到面对 100 号人的课堂，从单词说到从句，从断句说到句子结构，从新概念三讲到新托福 120。没错，我当时是在做培训。

3．第三次转行

“新店开业，新店开业，满 39 元立减 10 元，欢迎品尝……”没错，我的第三次转行是去发传单。哦不对，是去为自己开的店发传单。

4．第四次转行

“一个页面一次只能传达一个核心功能诉求，从这个界面跳转到那个界面的逻辑不清晰”“这个功能没有一个核心场景，并感觉不到击中了用户的什么痛点，于是也想象不出来用户使用它的动机是什么”。没错，第四次转行，做了产品设计师。

5．第五次转行

“整个故事读下来，开端的悬念铺设得不错，大、小情节穿插其中的方式也很新颖，不过不足之处在于整个故事看下来，是没有人物特征的，人物性格都非常扁平。”好吧，我承认我开始写故事、写书了。

以上几乎是到目前为止，我所经历的比较大的几次转型。再小一点的就忽略好了。这几次转行都是自发产生的，并没有任何外力作用催化。

而推动我去做这些转行的很大一部分原因是，内心始终在不停歇地问自己一些问题，“这，是不是你想要的？”“这个呢？”

当我带着这些问题尝试完一件又一件事情，从一个项目转到另一个项目，就会觉得那些被排除掉的东西，会帮助我离正确的答案更进一步。试错的过程，就是求对的过程。

如果一定要找到我这么多次转型成功的原因，可能是每一次都有一个能够说服自己的明确的理由，以及拥有较强的意志力，耐得住寂寞和折磨去往这个目标靠近吧。

其实，我一直坚信一件事情，转行并不是目的，而是手段，是通过不断调试方向和路径，去不断靠近更适合自己发展的终极目标的过程。

转行本身并不是一件令人引以为豪或者沾沾自喜的事情，有些时候，我甚至不太客观地认为，人之所以要转行，要么是因为以前的行当衰败了，要么就是自己在里面混不下去了。当然，成功的大佬除外，他们兴趣广泛、身兼多职不只是为了生存，更多是兴趣使然。

去年，当我第一次看到 Slash（引申为多重职业者）这个词的时候，它就以迅雷不及掩耳之势刷遍了朋友圈。于是，我看到各路人开始标榜自己是Slash，有多重职业身份，并以此为自豪，好像说出自己是Slash就像往脸上贴了金似的。并且很快拿着这样的身份去引领其他的人像他一样学习、工作、探索。

我身边不乏名副其实身兼数职的人，并且优秀得“令人发指”。业绩好，能做复杂的数据运算、能写出逻辑清晰的幻灯片、能出口成章对对子。不光如此，还能拍出角度和曝光极佳的照片、能写小说、写剧本、拍视频、做饭……

似乎找不到他不会做的事情，并且每件事情都做得非常棒。但我从没听到他称自己是Slash。

这就让我想到《晓松奇谈》里面讲日本手艺人的那一期，说有一个七八十岁的手艺人炸了一辈子天妇罗，对于油有了全新的认识。

在他的眼里，油不再仅仅是一种食材，一种烹饪的工具，一种习以为常的物质，油从他手里，经过了几十年的掂量，变成了一种叫作能量的东西，所以他一辈子就只做好了这一件事，炸天妇罗。这是一种非常值得人尊敬的匠人情怀，是一种万物有灵且美的追求。

基于此，我想说，我的每次转行都绝不是因为我想让自己成为一个Slash，恰恰相反，我是希望让自己能够在不断尝试中，找准一个适合自己并且也真正热爱的领域，努力地向这个领域的匠人靠近。

就像《欢乐颂》剧中有这样一句台词，其实不是走得快，走得多就好，重要的是找到适合自己的道路。

毕竟，时间才是检验一个东西能够经久不衰的唯一标准。浅尝辄止的东西终究是敌不过时间的考验而衰败的。

因为明白了每次的尝试和转型是为了离自己的终极目标更进一步，所以当我锁定了一个想要尝试的方向之后，每次采用的具体方法就是 HTGI（How To Get It？）提问法则，即问自己，“如何做到？”

想从文案转行到培训，使用 HTGI 法则询问，如何做到。能够联想到以下内容：

（1）主观：

有说服力的一门英语成绩（非英语专业，专四专八似乎门槛高了些；从实用英语角度，选择了一款门槛稍高但含金量还不错的托福作为考试目标）；

有打动人的表演能力（从口吃练就说来就来，说唱就唱的本领）；

有段子和倾诉欲（当以上本领炼成时，段子和倾诉欲就有了）；

（2）客观：

要有招收非科班半路出家的机构；

要找准海量需要老师的时机；

要收入待遇还都不错。

于是对应上述内容，选择了一家较大的私立机构，且定在暑期去应聘，因为那个时候是他们的招聘季，而前两个条件满足了，第三个条件自然就满足了。

同理，后续的几次转型也是采用同样的方式。比如当我下决心要去开店的时候，通过 HTGI 法则，我需要明确在哪里开，于是就去全城各个区跑店面，考察商圈流量和翻台率；我需要明确我要做什么，于是在锁定了商圈之后，对当地店面竞品分析和考察；我还需要知道怎么做起来，于是在拿下店面，确定好主营产品之后，从前往后推进，包括店内风格装修，试营业期运营活动推广等途径。

总结下来就是，锁定了一个目标——问自己如何能够得到——对应到主观和客观层面——去找出获得机会的线索和方式——最后再对应得出解决方法。

当然，这里只是笼统概括出方法论，实际过程中，每一个目标的达成是非常艰辛的。为了考托福，那年寒假我一个人留在宿舍复习了半个多月，没有回家。当时学校几乎没有人了，在空空荡荡的宿舍楼里，我仍然坚持每天早上 7 点起来，晚上学习到 11 点钟自习室闭馆。

那段时间是极其寒冷的，每天窗外光秃秃的树枝上，站着一群叫声令人绝望的乌鸦。而学校食堂因为留校人快走完了，停止营业，我几乎没有东西吃了，于是不得不每天去校外买来速食，填肚子充饥。

那段一边听着托福听力，一边往嘴里狂塞妙芙蛋糕的日子，让我之后看到“妙芙”这两个字就离得远远的。所以当有了转行的理由，用 HTGI 法则理清思路之后，还是免不了要下一番苦功夫的。

想到往事不禁泪如雨下，送给大家几句话共勉。

小成靠智，中成靠德，大成靠道。

静下心来去感受，其实每个人心中都有一个或明或暗、或强或弱的火苗，只是有些人选择视而不见，有些人却及时地发现它、感受到它，并且把它点得更亮。

转行并不是一件值得沾沾自喜的事情，转行不是目的，而是手段，是你不断突围，改变现状，离内心向往的事物和状态越来越近的过程。

用力挣扎一定很辛苦，不用力挣扎只会更辛苦，所以大胆地选择前者吧。

一个人背井离乡，才是升值的最佳时机

去年过年回到老家，在聚餐的饭桌上，大家觥筹交错，相互问候寒暄。席间有人对我说，一个女孩子，在外面打拼太辛苦了，差不多也该考虑回来了，这边亲戚家人都在还有个照顾，回来也一样可以做你想做的事情……

这些回去的好处谁不知道呢，事实上我也曾作过无数次思想斗争，到底是去是留。

事实上，混得好和活得自由这两件事情，在哪座城市都是不容易的。

过年那段时间，很多人留言问我，最近为什么没见你更新文章了，我没回复。

我有点羞愧，不更新文章的原因不是因为别的，而是我在那段时间内纵容自己怠惰了。临公司放假前夕，我在家里做了一次全面的大扫除，把所有的书按照类目做了整理，列了回家过年期间想要做的事情和计划，完成书稿的修订，做下本书的计划，整理工作笔记，雄心满满。

然而当我回到家里之后，却突然觉得自己可以休息放松一下了，还为自己找了无数个开脱的理由。

我先给自己放了一天假，劝解自己，忙了一年了，应该好好休息。于是，放心地陪家人朋友，去太古里逛街，吃小吃，看电影。

这样一天下来，我觉得非常舒服，但是心里却有些落空，有一种不太心安的感觉。我把这个感觉告诉我妈。

其实我希望听到她对我说，确实，你放松放松还是应该抓紧时间忙你的正事要紧。

然而我听到的却是，没事，妈不怪你，忙了一年，就该好好轻松一下，别那么重的思想包袱，我们又没要求你什么。

然后我开工的计划，就往后顺延，一天、两天、三天……放纵自己，毫无限制地满足自己各种欲望。

直到一周快过去的时候，我强烈意识到这样不对。带回去的书没翻开，修订的书稿没按计划做，因为不加限制地吃，身体也非常不舒服。

于是，一番挣扎之后，我改变了自己的行程，订了提前回京的飞机票，全心地陪着家人休息一段时间后提前返程了。

家人永远是最心疼子女的，大部分父母对子女平安、开心的渴望远高于子女的功成名就，他们舍不得看子女吃苦、受罪、遭受压力。但是在现代严酷的社会竞争环境下，真正让自己感到开心的事情是，为自己在乎的人提供最舒适的生活，而这，必然需要一定的物质基础作为保障。

在父母打造的温馨小家之下，难免会产生一种想要依靠的念想，就像成年之前靠着他们一样，是我们最安全的港湾，为我们遮风避雨。

然而相较于这种依靠，身边很多人对我说，虽然在北京生活压力很大，但还是喜欢北京胜过喜欢成都。

原因是，在北京这样一座城市，当你落魄的时候，最不必担心的就是，在街上遇到你认识的人，这座城市很大，大到给你无限的空间，包容你犯错、失败、丢脸和重新再来。而当一个人置身于陌生的环境，他的全部能力都将被唤醒，潜力和创造力远大于当她觉得还有所依靠的时候。

我之前的一个结了婚的同事，在老公和婆婆的照顾下，生活稳定，下了班有做好的饭菜，出去旅游有人专门负责订票办理手续，她只需要带着一台 Pad 看自己喜欢的片子就好了。

在这样的过程中，她渐渐开始退化，最开始她还没有意识到，直到有一次公司安排她出差，作为跟她一个航班的我，在机场等她时接到她电话，说走到半路发现忘记带身份证，于是我们被迫改签航班等到她拿身份证回来。

不光如此，在外出过程中发现她独立处理问题的能力甚至不如刚走入社会的应届生。从那次出差回来之后我发现她似乎很苦恼，为自己的表现内疚。后来听说她主动请缨，调派去深圳做业务支持，每个月会定期到那边出差。

后来她跟我说，自己一个人到了深圳之后，发现一切都需要靠自己，而不能随随便便依赖其他人。于是独立处理问题和应急的能力也随之增强了。

每个漂泊的异乡人，都有一箱厚重的过往值得玩味和讲述，这些过往里有苦不堪言和生活做斗争的经历，也有苦尽甘来的辛酸和执着。

当第一次听到“杀不死我的，只会让我更坚强”这句话，顿时在我内心燃起一种无比强大的能量，就像救命稻草一样，被我抓着。一边用这句话撑起我的心房，一边用它照亮里面阴暗的每个地方。

我带着这句话走了很多年，度过了一个个难眠的夜晚。

后来才知道这句话是尼采说的。长久地对这句话的玩味，使我突然觉得，也许并不是因为自己没有被“杀死”，所以就强大，而恰好是这个没有被“杀死”但是却又经历“被杀”的过程，让你心里生长出一副坚强无比的铠甲，在任何你需要的时候替你冲锋陷阵，完成自己的使命。你可能会受伤，也可能会伤得很重，但每一次伤过之后，你的身心幻化出一种全新的力量，结疤、愈合，从而变得更加强大。

而正是因为身处异乡，所以无论你是否准备好，所以无论你是否愿意，都会把你推上去，让你赤膊上阵，和对手竞争。

而也是因为每次拼杀过后你的身心幻化出一种全新的力量，让你蜕变成更好的自己，这就是背井离乡对于个人升值的最大意义吧。

就像刘瑜说的，一个人的时，让自己孤独成一颗星球，一个人活成一支队伍。

想进军 BAT？你得准备这 5 件事情！

经常听到有人抱怨，为什么像 BAT 这样的公司门槛这么高？能面试进 BAT 的人与自己相比，到底优秀在哪里？想像他们一样进入 BAT 中，到底需要做哪些准备？

我将从以下 5 个方面进行阐述：立志——冠军的心；立长志——时刻做个有心人；台下准备——知识面 + 思考纵深；不要轻易对机会说再见——学会用眼神讲话；态度远比结果重要——主动永远是不二法则。

首先，我先科普一下什么是 BAT，BAT 是百度（Baidu）、阿里巴巴（Alibaba）、腾讯（Tencent）三大巨头首字母缩写。虽然，现在的中国互联网有不少后起新星，但总的来说，BAT 三家企业可以认为是国内互联网企业无论从规模、制度、企业文化和规范上比较一流的公司。

那么，平时如何准备面试环节，才有机会踏入这样的公司工作呢？

1. 立志——冠军的心

昨天和朋友探讨问题，刚好被问道："你是如何知道自己每个阶段该做什么的？"

我回答说，其实我也并不是非常清楚每个阶段该做什么，有的时候也是在试错，但是总的来说，有两点我是非常明确并且是长期坚持的。

第一，如果我认定一件事情，我一定会想尽一切办法接触最了解这件事情的人。

第二，如果我想做一件事情，比如去一个行业，那么我一定会想尽一切办法，去这个行业 NO.1 的公司。

一直觉得万事万物的两极是相对的，我始终抱着"最傻、最蠢"的心态来做一些被人们认为"最难、最复杂"的事情。也始终抱着一种舍我其谁的心态，坚定地认为自己是能够胜任的。

曾经被问到过这样一个问题，请回答我为何不会聘用你呢？

我当时上来就说了一句"因为你看走眼了。"当然，以玩笑的方式开场后，紧接着用洋溢着自信的语气讲解自己能够胜任的诸多理由。无知者无畏，初生牛犊不怕虎，我始终觉得有些品质人是需要一直坚持下去的。

2. 立长志——时刻做个有心人

在我刚进入大学的时候，参加过一次由专业学生会组织的多年级座谈会，老师把高年级毕业的学长和学姐请回到学校来，给我们这些刚进入大学的学弟、学妹们进行分享。

到现在我还记得当时一个事业小有成就的学姐对我们说过一句话："要时刻做一个有心人。"

这个有心，并不是有心计、心思特别多的意思。相反，它指的是处处留心观察，用心体会，细致入微地观察和思考周围的人、事情和你所接触的世界。这样做有什么好处呢？

其实有心的人往往会有这样的体验，在关键时刻你的很多思想、解决问题的方式方法，甚至你的言谈举止都和你平时的体验、思考、沉淀密不可分，这些东西都是潜移默化的，它们以一种低调的方式作用于你，在不经意间起着不可忽视的作用。

3. 台下准备——知识面＋思考纵深

有一次去拜访销售团队的同事，他给我讲了一件让我非常震撼的事情。他告诉我说，他以前所在的一家国内数一数二的地产公司的老板，要求高层每周必须读一本书，然后每季度都会组织高层一起研习、讨论和交流。

前不久看过一篇文章，大概的意思是人与人的差距主要集中体现在每天下班后回家的那几个小时。

没错，有的人可能会用那个时间学习、看书、学一门新的技能，有的人则会用那个时间看片、聊天、打发时间。

给我印象非常深刻的一件事情是，临近毕业找工作之际，参加了 ABI 的校园招聘宣讲会，里面一个学姐的经历很触动我。

她毕业第一年没有如愿以偿进入到自己想进的公司，去了一家小企业做统计。但是她内心始终还是希望有机会去想去的公司，于是每天下班之后会针对这家公司校招的题目、面试题目做准备，每晚都会学习到 11 点左右，一直坚持了一年，然后第二年校招的时候，她以优异的成绩通过了面试，当时给我们做宣讲的时候，已经是大中华区销售经理。

4. 不要轻易对机会说再见——学会用眼神讲话

你还记得你撑得最辛苦的一次面试吗？是有多辛苦？

我记忆中最辛苦的一次面试是，跨行去做 FMCG 的营销面试，全程英文答题，题量非常大，每一道题都需要精确的计算。因为我将其中一个题目的一个数据点算错了，导致我那道题目整个就不对了。但最关键的是，面试的时是根据答题时的结论来的，而且面试全程为英文面试，有大量的术语和专业词汇。

因为我数据算错了，导致了我在面试过程中无法合理解释整个问题，当场被面试官非常犀利地挑战，挑战是严厉并且不给你任何面子的。

相信很多人到这个时候心理防线就彻底垮了，但是我没有放弃。虽然第一轮针对题目答题，自己回答得很烂，但是到了第二轮自由问答时间，我仍然拿出自己所有的自信和热情，对答如流。

不管结果怎样，至少我狠狠地努力地争取过了。

5. 态度远比结果重要——主动永远是不二法则

不管哪次面试，我一定会要求自己穿正装，带好简历提前到面试单位，这是我对自己的要求。

我被面试过，也面试过别人，特别能够体会到“态度”这件事情给人的第一印象有多重要，不懂可以学，不会可以问。如果天生资质没有那么超群还不愿意花时间精力去学习，真心担心这样的人如何能被好机会眷顾。

BAT 只是一个缩影，面试中自己的尽力争取也只是自己对于人生态度的一种选择。人生有很多次“面试”，把握好每次机会，不要轻易对机会说再见。

唯有摆脱恐惧，才能真正成长

你有过以下经历吗？

❋ 时而被噩梦惊醒，害怕自己没有书念！

❋ 夜不能寐，担心以后找不到工作！

❋ 如履薄冰，害怕被老板炒鱿鱼！

❋ 抑或是做可怕的梦，害怕找错另一半！

❋ 恐惧独立、害怕成长，担心一个人面对未来不设限的种种可能！

以上种种，均是一种恐惧的写照。《卡耐基》一书中提到，恐惧大都是因为无知与不确定感而产生。

毕业多年，却经常半夜被噩梦惊醒，梦到自己又身处高考考场，拿着做不完的试卷和立体几何题目；看着交卷的时间逼近，却还剩了大半篇没写完的卷子；在离交卷五分钟前，发现自己漏题了，机读卡还没填……

这样的梦变换着方式朝我袭来，情节不一，总之都是我要考不上大学了，我要没有书读了，从未间断，从 18 岁那年一直梦到现在，已经工作好几年了。

虽然现在谈这个梦，更多是当成跟同事间茶余饭后的笑料，用来调侃自己多么可笑无知。但在当时，它却像是我生命的第一要义一样，横在我的生活中，让我无处可逃。因为害怕高考失利，没有书念，所以我的所有注意力和关注点都在这件事上。

导致了分数一降低或者一遇到题目不会做，我就会想，你连这个都不会，完了，考不上大学了。而这种对于结果的恐惧，只会不断破坏和杀伤你的抵抗能力，无力感是会腐蚀人的，一旦觉得自己做不成什么事情后，做其他事情也都是瞻前顾后，没有魄力的。

太害怕没有书读，容易变得患得患失、敏感脆弱、不好相处。每次公布考试名次，如果自己考好了，就扬扬得意地认为世界都在为自己庆祝；如果考差了，就觉得所有人都在暗地里取笑自己，于是恨不得马上逃离嘈杂的教室，躲到家里，不面对一切目光。

所以在高三的那一年，我几乎不上晚自习，因为我害怕听到大家的声音，害怕面对自己的失利。

我一直没有意识到，因为对结果的恐惧，所以一而再再而三地选择为自己找捷径。我动过无数的歪脑筋，想怎么做可以不通过高考，就能够进入一所心仪的大学读书。

我甚至打算走艺术路线，用一门艺术技能外加文化课成绩，来敲开大学之门。但那时候，因为长年专注于文化课学习，我并没有这样一个可以被挖掘的技能作为第二特长，为考试找捷径。

一边带着对结果的惶惑，一边动着歪脑筋想逃避恐惧。我患得患失，诚惶诚恐地参加完人生的第一次高考，果然，失败了，败得一塌糊涂。

在中学学习历史时，有一章是讲拿破仑的，有个观点我一直很认同，“历史，总有惊人的相似性。”

比如你几年前在面对某个人、某类事情时会手足无措，那么几年后，你很可能还会以一种无法预期的方式，绕回到这件事情上再次面临相同的手足无措。

我最害怕的事情还是发生了，我不得不再一次坐回到吵嚷的教室，再一次打开翻过无数遍的教科书，再一次和几十万人竞争，再一次面对惴惴不安和患得患失。

如果一个人对一种结果的抗拒、逃避和未知叫作害怕，那么对这个结果再次出现的心境，就该叫作绝望了吧。

第二年的高三生涯，噩梦更多了。我担心自己再次考试失败，还得继续复读。事实上，当时同班同学中，真的不乏补习了两年，参加了三次高考的人。一想到自己的青春和美好时光，就要在这个节骨眼被消耗殆尽，那一刻特别希望自己压根就没来过。

对自己有一定期许和要求的人会明白这种感觉。你对未来是有计划的，虽然讲不出来，但是你隐约可以感觉到，自己未来一定可以成为什么，拥有什么，代表什么。而此时此刻这道门槛，却把你和该成为、该拥有、该代表的东西一分为二，而你还一点力都使不出来，没办法左右自己的命运，是一件极其令人沮丧的事情。

连续失眠了几个月，我的成绩并没有好转，我的状况也没得到改善。我每天都在担心，担心没有书读，没有大学念，迈不过这个坎。直到有一天我想不动了，困倦疲乏使我再无心干涉了。

你过分关注和干涉一件事情，自然会患得患失，而人一旦患得患失，就会产生恐惧，恐惧源自于对未来的无知和无法掌控，但恐惧本身并不会让事情好转，只会让这件事情停滞变味，所以放宽心，忘掉结果，自然就会做好事情并且快乐起来。

可能因为想通了，加之实在没有力气去恐惧，所以我选择了不管不顾，抛弃恐惧，只看眼下的事情，于是就这么对恐惧睁一只眼，闭一只眼地参加完了高考，最后出成绩了，还不错。

我原本以为恐惧求学这件事情，就这么告一段落了。我寒窗苦读，终于有机会去到我期盼已久的大城市读书、生活。但现实又一次跟我开起了玩笑。

我一心想报北京的学校，但北京地区的高校分数普遍偏高。而我的分数却在一个可上可下的范围，回溯前几年的录取线，我都是无法被录取的。那我到底该不该报呢？是争取一下在北京上学的机会，还是为了保全名牌学校，去别的城市读书？如果两个都没录取，那我是不是又没有重点大学读了，还得重来第三次高考？

现在回想起来，当时填报的志愿被录取的概率真的很小。首先这个专业只招 1 个人，而我选择了不服从调剂，并且同等高校没有写第二志愿。

我给自己下了一步险棋。因为真的无法从其他可选项中挑选出合适的来，我不得赌一把。这一次的恐惧是可预知的，你知道概率有多小，风险有多大，如果这个概率和风险恰好相遇，就不得不从头来过。

但事情总是这样，每个人在这一生中的某个时刻，都不得不被迫去面对一些决断和取舍，风险和恐惧。而且这些是其他人无法替你做的，就像没人能够替你奋斗一样。而一个人真的成长起来的时候，也即是他第一次按照自己的意志做了判断和选择，并且可以自信满满地给任何结果埋单。

在填志愿的时候，我想清楚了一件事。一定要沿着自己既定的目标和渴望的方向走，愿望有多强烈，就该对自己有多狠，所以我没给自己留一点后路，大不了重新再来过。至少，我准备好了。在我做出不二选择的时候，就早已经把恐惧甩到脑后，自然就从这个过程中，真正的成长了起来。

人这一生中，有很多事情是“不以意志为转移”的，比如你的基因、经历、你恰好碰到的人、你的出身、你的时运。但是诸如勇气、对抗恐惧的心智，却是可以后天培养的。

罗素说，他生活的三大动力是对知识的追求、对爱的渴望、对苦难的怜悯。从另外一个角度去看，这三者都是对未知维度的体会，有些人对于未知心生出敬畏和渴望，有些人却心生恐惧。

关于对未知的恐惧，是每颗年轻的心都要经历的过程，青春就是慌张和犯傻嘛。恐惧可以滋生出无数自我设限和自我否定，却单单不会让你变成想要的样子，想办法走到恐惧的对立面，用更勇敢的方式去生活吧。

摆脱恐惧，需要做到两个“自我”：

（1）自我接纳：

全然接纳自己，包括你的不完美，比如，懦弱、渺小、嫉妒心、贪心、羞耻感、罪恶感等。接纳你自己，就是全新做你自己，认可你自己，用新的视野看待和认识自己，也能够获得别人的认可和接纳。

埃克哈特·托利在《当下的力量》中提到，任何被你完全接受的事情将会把你带进宁静状态。这就是臣服的奇迹。

（2）自我实现：

自我实现，做最好的自己，实现自我目标和与生俱来的价值。罗杰斯说，美好的生活是自我实现的生活。

而“自我实现的人有一种惊人的能力，他们能够带着敬畏、愉悦、惊奇乃至心醉神迷的狂喜，神清气爽、天真烂漫地一次又一次地欣赏生活的原初的善，尽管这些体验对别的人来说可能是陈旧乏味的东西。”

这与马斯洛需求层次理论中提到的，第五个自我实现理论相同。

其实，大部分对未知的恐惧，譬如你的积累、你的底蕴，还有你的知识，都是可以自给自足的，可以自我耕耘的。

为自己的心智招兵买马，切莫气馁，务必自信，摆脱恐惧，大胆地走到恐惧的对立面，用更勇敢的方式去生活，把一个人活得像一支队伍。

就如王小波在《我在荒岛上迎接黎明》中说过的，我希望自己也是一颗星星：如果我会发光，就不必害怕黑暗。如果我自己是那么美好，那么一切恐惧就可以烟消云散。

CHAPTER 04

生活从未辜负每一个努力的人

超越磨难，才能活成自己想要的样子。当你强大到一个人就是一支队伍，当你一个人充实愉快地难以附加，当你觉得爱情和爱好一样都是生活不可或缺的一部分时，你会活得更加独立、精彩、自由。所以告诉自己，你对下半场充满信心！

旗鼓相当的爱情，方能天长地久

跟朋友聊天，她非常伤心地告诉我，她觉得自己的恋人对自己冷淡了，说话没有之前那么有耐心，也不会经常给她打电话了，就更别提之前的浪漫了，觉得现在在一起的生活，充满了仪式感，很多时候甚至是为了证明他们还在一起，而去做一些事情。

她给我哭诉她的担心，她觉得恋人一定是外面有情况了，所以才会对自己这般冷淡。

来说说我的这位朋友吧。事实上，她是一个比较优秀的姑娘，对自己有较高的要求，名牌学校毕业，有比较稳定的工作。而她的恋人，也一样是非常上进，对自己要求很高的人。

相比于她的恋人，朋友的自控力和执行力是要差一些的。很多时候，当她还止步于想的时候，恋人已经行动了。而且朋友的抗压能力非常不好，在工作的时候，遇到问题，第一时间想到的就是打电话给恋人，寻求帮助。不管对方当时在做什么，是不是在忙，是否方便。

起初，恋人对她还是有求必应，态度很温和。但随着朋友这样的次数越来越多，并且很多时候事情并非着急到立刻要打电话求助的地步，恋人多少会有些烦躁，讲话态度不好。

加之工作上，朋友虽然工作认真，但是并不属于敢于大胆尝试的那一类人。相比这点，她的恋人却是一个非常敢于尝试的人。所以凭借着勤奋和胆量，他在工作上不断高升。慢慢两人拉开了差距。

据我了解,朋友的恋人也并非属于那种现实到只看金钱的人。所以当朋友不断在描述，自己恋人高升之后对自己态度的种种变化和转变时，我突然有一种强烈的感触。

也许他对你冷淡了，并不是他不喜欢你了，而是你跟不上他的步伐了。最好的感情是棋逢对手、旗鼓相当、势均力敌的。

前两天，跟同事探讨什么样的女人能在感情中掌舵，让对方为自己改变。大家兴奋地列举了很多特征，最后总结为，是要有底线和主见。

两个人在一起，久而久之会相互作用和影响，他的想法，可能慢慢变成你的习惯；他的偏见，甚至会逐渐成为你的观点。一味地沦丧自己的意志，为他人改变，变成他眼中一个如他意志的样子，才是最可悲的地方。

这不免让我想到高晓松和夕又米的感情经历。高晓松教会夕又米充满热诚和拼尽全力去爱，教会她认识这个世界，为她打开很多扇窗户。

在精神世界里，高晓松主导着这段感情，但这样的主导，慢慢变成了一种意志的投射，更多的是，他在影响和塑造一个心中的老婆。夕又米甚至慢慢变成了另一个高晓松。

后来，他还是放弃了，在离婚声明里，他说自己不快乐，想要更多的自由。

当第一次看《纸牌屋》时，就被剧中这对政治结盟的伴侣吸引，很是欣赏剧中弗兰克和克莱尔两人在感情中的关系，因为这份关系虽然掺杂了超出感情外的成分，但是它从一开始就是这样，目标清晰，方向明确。

就如弗兰克向布莱尔的求婚誓词所说，“如果你只想要幸福，那就拒绝我吧。我不会跟你生一堆孩子，然后数着日子退休。”

而不像现实中很多人的结合，最开始模棱两可，进退皆宜，以一种较低质量结合，却不免到最后发展为同床异梦，分道扬镳。

你可以说他们是同盟，是合伙人，是最好的拍档，是灵魂伴侣。

这种并肩战斗相互包容又懂得彼此的状态难道不是每一对情侣、夫妇所渴望的状态吗?

在《傲慢与偏见》中，Elizabeth 和 Mr Darcy 两人的结合就是棋逢对手的一种代表，心存偏见与傲慢，看上去各自膨胀在自己的世界里，但两人又极其相似，对未来有追求，对自己有高要求。

两人的相遇更像是不同星球的碰撞，像极了针尖对麦芒。每次的对手戏看似剑拔弩张，却是各自在暗自欣赏是高手之间的切磋，更是相互审视、相互学习和完善自己。

然而现实中的感情可不是那么幸运就能够旗鼓相当地相遇。大多数是一种不对称的结合。

发展到最后，却使得感情本身成为横在两人之间最大的障碍，你只身拼命往前跑，想要让它变得更好，而感情中的另一方，却慢慢地，再也跟不上你的步伐了。

而最可悲的是，这一切，并不是你停下来等待对方，就会变好的。

有人说，最有预知的分别是，双方都在等待一个恰如其分的理由，和一个合情合理的爆发点，当它发生的时候，就可以理直气壮地挥手道别了，不存在悔意，因为它是自然而然发生的。

这就很像之前和朋友聊天，她告诉我的，很多时候，两个人走在一起，明知道不合适，明知道很多时候因为不合拍会生气，发生矛盾和争执。但就是没有一方愿意讲出来。

而大部分人会选择的方式都是，等待，相信就这样下去，总有一天会有一个结果，不管结果是好是坏。

生活一直在向前，人生也是。就像高晓松说的那样："我们早晚会被生活打败，生活绝不会因为你什么都没干，而饶了你。"

对于感情，并不是你维持现状，什么都不做，一切就会变好，旗鼓相当的感情才能天长地久。如果眼下你赶不上他的脚步，不要恐惧、不要埋怨、不要找他无理取闹。而是要想办法追赶他的脚步，变成更好的自己。

罗素在《论情爱》中说过，"最好的情爱，会给人一种船安全抵港的感觉；较次的情爱，则让人有种舟破以后逃生者的感觉。要有第一种情爱，必须一个人先获得安全，或至少对遭遇的危险毫不介意；反之，第二种情爱是不安全感的产物。从不安全感得来的情爱，比前一种更主观，更偏向于以自我为中心，因为你所爱的人是为了他的助力而非为了他原有的优点。"

因此无论对你自己来说还是对方来说，真正好的感情是可以被感知到安全和信任的，就像是在一艘船上可以体味到的安全感。

而拥有这种感觉，不一定是两人一起共同产生的，而是其中的一方首先要有抗拒风险和抵挡困难的能量，而另一方也不能因为对方有了这样的能力而懈怠自己。

棋逢对手的爱情既难得又过瘾，如果你已经遇见了，那么恭喜你，请珍惜。

期待你变好的，一定不是当初放弃你的那个人

一个朋友失恋了，准确来说，还没有开始就结束了。

她十分痛苦地对我说，尽管知道这个人哪里都不好，自己就是喜欢他；明知道他就是跟自己玩玩，她也愿意付出一切。但却被他拒绝了，她特别痛苦，很不甘心。

一阵痛苦过后，她做了一个决定。说要去报英语班，去健身房锻炼，让我给她推荐书单，要让自己变得更好。还幻想，自己变好之后一定可以让这个男孩子后悔伤心，甚至回心转意。

她态度坚决，我无法反驳。

只是不断感叹，世上并没有未完成的故事，只有未死的人心。

上小学的时候，我喜欢过一个男孩子，他长得极其清秀，穿

衣服也很好看，头脑聪明，那么难算的数学题他每次都是写几行公式就能算对。

他坐在我前排，我每天坐在后面通过 45° 角盯着他立体的轮廓看，而他却只看得见一个留有娃娃发型的女生，那是我们班长，穿得也很好看，成绩也很优异，他们被安排坐在一起考试的时候，就像是一轮闪电浮现在我眼前，时刻都在刺痛我幼小的心灵。

我知道，这个男孩子不喜欢我，喜欢班长，原因是我曾捡到他写给班长但未送出去的小情书。他夸她聪明、能干、好看、多才多艺。我一边读一边把这些词语对应到自己身上来看，发现都是跟我相反的意向。

尽管如此，我还是忍不住鼓起勇气去跟男孩子表白了，结果那时情商堪忧的他直接回复我说:“谢谢你,但是我有喜欢的人了，我喜欢好看的优秀的女孩子……”

我被伤透了心，于是把泄洪般崩溃的心情写在日记本里，我立志要让自己成绩变得优秀起来，也要穿好看的衣服，不再像平常撒丫子在操场上跟男生疯玩，要淑女起来，让他后悔。虽然，那时候我并不懂后悔意味着多大的深意。

从此我像变了个人似的，早起晚睡，随时抱着书看。直到毕业那天都没好好抬头看他。

我和班长都考进了市里最好的初中，男孩去了外地更好的学校。一年一年时间过去，我慢慢也成了学习委员，学期末在几百人的大会厅上台领奖学金，后来我考到北京，参赛领奖好不快活，时间已经把记忆洗刷得不成样子。

很多年后一次回老家过年，偶遇到这个男孩，我们寒暄了几句，他告诉我说高考失利之后，去了本地一所不太好的大学，现在在当地找了份稳定的工作。我也客气地跟他寒暄，说了说自己看上去还算光鲜的经历。从他那些被岁月打磨的灵气全无的眼神里，我看不到丝毫悔意，我也一点没有期待这份情绪。

不禁感叹，首先是爱情使你忘记了时间，然后是时间让你忘记了爱情。

03

读大学时，我曾经死乞白赖地喜欢过一个人。

但却被嫌弃不够好看、太幼稚、没有独立生存的能力。我用了两年时间，用尽全身心的力气把自己变得看得过去、成熟起来、有独立生存能力。

我甚至感到兴奋、激动，以为将自己变成了这个人口中美好的样子，这个人就会用另一种眼光看待自己，而对那份眼光的期待伴随着一种复杂的情绪，是后悔、是惋惜，甚至是可不可以从头来过。

然而当我满怀信心地把这些年，足以证明我已经变好的东西发过去时，多年处心积虑盼望的事情并没有发生，等来的却是杳无音信。

有人说，爱情不是愚公移山，也不是铁杵磨成针，在表态之后，得不到回应，在明知不可为的时候放弃，是最优雅明智之举。

一直以来，我觉得喜欢一个人，或者爱一个人，最可怕的状态就是“不甘心”，因为如果对一个人，或者一件事情掺杂了这样的情绪进去，那么它就不纯粹了。

如果是为了“不甘心”而去继续追随这个人，即使追到了，你也得到了短暂的慰藉，于是你甘心了，但结果会好吗？

你只不过是在平复自己心里面一种非常不健全的小情绪而已。这种不健全的小情绪就类似于，小的时候你妈本来答应给你买一个娃娃头雪糕，而突然因为你把碗打了，或者做错了一道题，于是你和娃娃头雪糕失之交臂。

你觉得痛苦、惋惜、不甘心，你不断地追问自己一个问题，不就是把碗打了吗，不就是做错了一道题吗，凭什么剥夺我吃娃娃头雪糕的权利。

回到对一个人的情感问题上，你的心理活动也许会是，不就是你没那么喜欢我吗，不就是我之前欲拒还迎过你吗，凭什么现在说不喜欢就不喜欢，说走就走了。你不甘心时，希望得到他、拥有他、占有他，就像是你期待吃到一个原本应该吃到的娃娃头雪糕一样。因为你只是觉得，本来应该是你的，或者本来应该是你拥有的。

但是，这世上又哪里有什么事情叫作本来应该呢？本来应该中的“本来”就是一个过去时态虚拟语气的感叹，对不存在或者未发生的事情抱以念想并且日思夜盼，不觉得可笑吗？

不甘心往往伴随而来的另一种情绪就是，“要变好”。

似乎我听到、看到的所有在恋爱关系当中不顺利，没有如愿以偿的人，最后在痛哭流涕之余，都会甩出来这样一句话：“哼，我要把自己变好变强，等到有一天，他回过头来看的时候，让他后悔去吧！”更有甚者，还会一边描绘这样的情景——他跪求的场面以及他怅然若失的神情。

但是冷静下来细想一下，就会发现这里面存在着多么不成熟的主观臆断。

如果一个人最开始就没有想接受你的意思，凭什么就觉得，你把自己变好了，他会高看你一眼呢？如果你挖空心思把自己变好、变美、变漂亮，单单只是为了让他后悔，这个动力是不是太没有说服力了？

如果一个人在不接受你的那一刻，已经重重地伤害过你了，那你为什么还要把之后自己一切好的、快乐的事情和变化都要跟他联系在一起呢？

是不是若干年后，你把自己变好了，回过头去看到他却成了一个“矮穷挫”，你就开心了？如果他并没有成为“矮穷挫”，反而是更好，甚至比你还好，那你是不是还要削发下一个十年，再立地成佛重新修炼？

其实，很多时候在恋爱这件事情上被对方拒绝了，多巴胺分泌出来这种叫作“不甘心”的情绪因子，多是因为被“打脸”了，觉得羞愧了。这就特别像两个不势均力敌的人在街上吵架，突然强的那一方扇弱的那一方一巴掌，弱的那一方一时间无法反击，但是碍于情面和对自己心里的安抚，他会说一句：“你等着！”

等什么呢？等着弱的自己变强、变猛，一巴掌就能把一个人扇晕过去，然后让原来那个强者后悔，当初不该打这个弱者一巴掌。

你觉得这样成立吗？没准等到弱者把肌肉练出来的时候，强者都不记得这码子事了。

感情也是一样，你兢兢业业把自己打磨成一个更好的样子，却是为了等一个不在乎、不珍惜你的人对你进行一番评判，然后等他后悔。不觉得，这样做比你当初就扑倒在他脚下还要作践自己吗？

所以，不管你爱过多少人，不管你爱得多么痛苦或快乐。最后的目的不是为了学会怎样去恋爱，也不是为了去等待那毫无价值的怜惜和悔意，而是学会怎样去更爱自己。

记住，期待你变好的人，一定不是当初选择放弃你的那一个，而是在这个世界某个时空角落，跟你一样，在将自己变得更好的那个人。

借用《神曲》中的一句话——如果爱，请干净地爱，把爱情献给爱情。

最好的生活状态，是全情做你自己

《分歧者》里有句话——人生最大的挑战，就是在一个试图将你定型的世界里，勇敢地忠于做自己。

从我还没有记忆开始，我就“不大合群”。

记得妈妈说刚生下我后，所有的宝宝都被放进了保温箱。不知是出于刻意培养，还是绝佳巧合，大人们给我戴了一顶红帽子，而保温箱中的其他宝宝们都戴着护士给标配的白帽子。别的宝宝们都哭时，我就笑；别的宝宝们都笑时，我就哭。

生来是按自己意愿界定人生，没想到这就恰巧成了所谓的特立独行。

后来读书了，情况也并没有好转。我长得白，生得一张娃娃脸，眼睛大大的，穿上公主裙就俨然是一个外国洋娃娃，这里说一下，我生来头发发黄且自带卷。

然而我却偏偏不喜欢这副装扮。我不穿裙子，到现在也不喜欢穿。当周围的女生在忙着各种扮家家和拉小圈时，我忙着在篮球场打球，别的女生看不下去在一旁非议我，我却毫不在意，坚持认为，做自己喜欢的事情没什么好丢脸的。

而当作为第一批入队的少先队员，老师要求在教室的任何时候都要轻走轻行，我却中午上课前，在教室里跟同学玩藏猫猫，我们东躲西藏，跑进了老师装作业本的讲台柜里，我们被老师摘了红领巾，一旁的同学哭丧着脸求老师还给她，而我却一言不发无动于衷，第一次尝到为自己行动埋单的滋味，而且认识到，这种承担，是一件天经地义的事情。

高三的时候，觉得老师安排座次的方式不合理，将尖子生排到前两排座位，其他同学依次往后坐，我向来喜欢独立思考并且和不同类别、成绩的同学交流，这样的座次只会让我觉得像是被打了标签，做了限制，只能在有限的范围内交流沟通。

于是我毅然决然不顾反对，从第二排拖了个桌子，去到最后一排，老师被公然挑衅，经常冷言冷语，而我从中学会了坚定不移地走自己认定的路。

时至今日，在做决定和支配行动时，我都会立刻有自己的判断和认知，而不是束手无策，没有主见，在那些曾经需要做出决断的事情中，譬如报志愿、选专业、保研还是工作、做本行还是跨行、做生意还是提干、留在一线城市打拼还是选择舒适领域、尊重意愿还是抑制欲望……都有一个明确、清晰的见解，而且是属于自己的，但这些绝不是一朝一夕形成的或者从哪本书、哪堂课、哪个人身上学来的，而是很早就开始学会端详和思考，并将之发展成为习惯，深入到日常生活和学习的方方面面。

这是做自己的第一个好处：仔细端详，洞见最真实的自己。

高洞察力可以让你看到全局中自己的位置，未来的方向，这就是所谓的全局观，有了这样的观点，你才可能看到别人还来不及看到的趋势和机会。

小时候读书，被要求听话，总被教育，听话的孩子，才是好孩子；所以我经常是别人的反面教材。但正因为此，却给我更多的独处时间，去挖掘自己独特的潜质。

因为不怎么听话，所以听话的好孩子从不轻易亲近我，于是我身边没几个朋友。而正因为此，我却发现自己跟自己相处的时候，似乎可以听到一种声音，而且这个声音你越用心去倾听，就越清楚强烈，那是一种你对世界的认识，你对自己的认知，对未来的期待和对周围的评判。

发现了这个声音之后，我时常静下来关注它、留意它，并且跟它对话、交流。我很早就有自言自语的习惯，这倒不是精神分裂，而是我喜欢把自己当作是一个朋友一样来对待，证实自己内心的观点和声音，有时甚至会跳出这个声音来做更全面客观的评判。

而这个习惯，正是后来养成独立思考和换位思考的前身。当和外界发生不愉快的冲突时，我不仅会沿着本能，从自身的角度剖析，还会跳出自己的角色设定，从对方甚至全局的角度看问题。

这个过程培养了我辩证地思考和分析问题的能力，同时因为长期习惯关注自己的感受，并做各个维度的批判式分析，于是积累下来很多体会和感悟，在我做培训工作时，起到很好的作用，总是比较容易地抓住和了解到学生的困难、问题和诉求点，同时对于现在的写字来说，也有相同的作用。

一个人只有在独处的时候，做自己浓度才最高，才有可能去把握和关注到那些容易被周遭的余杂湮没的声音，才能准确地判断自己在做哪一类别的事情时，是极度亢奋的，做成这类事情是如何狂喜的，于是可以更清楚准确地取舍。

所以关于做自己的第二个好处是：深度思考，挖掘自己意想不到的潜质。

真正睿智的人，你擅长做的事情，不需要别人来告诉你。而是你自己早已有所认知和判断，并且有条不紊地推进。

权威是不能轻易挑战的，于是大家习惯成为沉默的大多数，这是我们在读书的时候被灌输和逐渐养成的习惯。

但当我开始工作，步入社会之后，却发现现实的情况和长期以来被推崇的观点是不一致的。权威不一定总是用来奉承的，时而也可以挑战；默不作声不一定真的就能保全，反而有时候是会哭的孩子有奶吃。

读大学的时候，我是全班第一个公然旷课、公然拒绝班主任指导并独自参赛获奖的女同学。原因在于对事物有了主动的判断和认知后，会知道什么是自己该做的和什么是别人希望自己做的。而往往别人希望你做的事情，不一定都是适合你并对你的成长有正向作用的。

但公然挑战权威的一个后果就是，你成功地脱离了主体，成为一个小众人物。而成为小众的风险是，你面临的挑战和机会是并存的。这个道理很简单，当面对一群听话的人时，你不用担心你的权威被挑战，你的观点被质疑，你只需要按部就班地按你的理解行事就好了。

而一旦下面存在一个小众人群，不按大部队的方式行事，不听大部分人的见解，那么你就会担心，自己随时可能面临挑战。

这也是为什么，在读书的时候，老师关注最多的，是那些调皮捣蛋的人。

所以，为了抑制这种小众的思想，班主任选择给我设置瓶颈和障碍，希望我能诚服于他，听从于他。然而我仍然是就事论事地做选择，大不了是被他更加严苛地审核作业和毕设罢了，但在这个过程中，我却越发果敢，并且由于他的严苛，促成了我的谨慎和更高质量的产出。

这对于后续参加工作也是有极大帮助的，工作中并不是所有的时候都适合沉默，老板的话也不都是对的，公然挑衅肯定不对，但也不能总听之任之，希望得到一个人的赏识的前提是，你能够跟他站在同一维度和层面上对话，这是需要勇气的。

所以做自己的第三个好处是：强大意志，悲喜不过三秒的人生态度。

没有一颗心，天生就掌握坚强；没有一个有血有肉的人，生来就不会悲伤。

我是个很随和的人，这是大部分跟我接触久了的人对我的评价。

确实是这样，跟我在一起，做什么都不会特别累，对于吃什么、去哪玩、走不走之类的事情，我都不会特别介意。通常采取的方针原则是，大家怎么舒服怎么来。

但我不是对所有的事情都这样，关于想成为什么样的人，和想做成什么样的事，我绝不含糊。如果有人意见相左，甚至跳出来反对，我一定为自己想要的争取到底。

知道自己想要什么和成为什么样的人，也是从小沉淀下来对自己的期许，是做自己后的产物。比如不想穿裙子，不想扮家家，不想听之任之，不想随波逐流，而想按自己最自然、本能、舒适和愉悦的方式工作生活，这是做自己后对自己定下的期许。

你越早定义自己，就越早知道哪些可为哪些不可为，这就是所谓的提早行动规划人生了。其实关于人生计划，撇开那些宏伟的蓝图和炫丽的职业不说，简单来说就是清楚明白地知道自己该做什么和一定不能做什么。

所以做自己的第四个好处是：扩展视野，培养提早行动规划人生的意识。

说一个人眼光好，并不是他能看到什么，而是当什么都还没有的时候，他就能看到什么。而这绝不是一朝一夕就可以具备的能力和本事。

做自己，不是和别人对立、背道而驰，不随大溜、不迎合他人。而是仔细端详，洞见最真实的自己；深度思考，挖掘自己意想不到的潜质；强大意志，养成悲喜不过三秒的人生态度；扩展视野，培养提早行动规划人生的意识。

做自己，独立有主见，果敢有担当，既不焦虑也不慌张。

情感上，也是一样。

如果你喜欢上一个并不太了解你的人，你一定希望展现给他/她的都是最好的。为了营造这样最好的意境，你甚至会“伪装”自己、“修饰”自己。

有过约会经历的朋友也许不会陌生这样的一个情景设定，在去见一个对你来说比较重要的人之前，你会感觉紧张、不知所措，担心自己的发型和脸色不够好，害怕自己的衣服和鞋子不搭、包包不够时髦，你会仔细掂量自己讲出的每一句话，甚至会事先去勾勒，见到他的第一句话是说“你好，今天天气真好啊！”还是说“好久不见，你好吗？”

甚至，你会因为自己没有买看中的那一件衣服导致无法像样地出门而懊恼。

在吃饭的时候，你会在意自己吃饭有没有发出声音，嘴巴上面是不是粘着米或者菜，切牛排的姿势对不对，喝果汁的时候是不是足够的优雅。不光如此，你还会搜肠刮肚找满足他预期的段子和笑话，担心自己讲出来的东西太过苍白，会让他觉得你太粗俗，从而对你的印象大打折扣。

你就好比一个装在套子里的小丑，丝毫不敢把自己真实的面目裸露出来示人。

然而，爱情就像长跑，是什么样子，终究会毫无保留地暴露给对方，所谓的掩饰，只是自己给自己生搬硬套造的一个假设罢了。

当听说日本的女孩子流行化妆，甚至很多结了婚的夫妻，丈夫都很少看到自己妻子卸完妆后的样子，我觉得非常不可思议。虽然追求美好是人类一种天然、独特并且积极的属性。但是，生活毕竟不是水晶球，只是摆在那里看的，生活是用来“过”的，日子是用来“消磨”的。

身边有一个朋友，跟她老公结婚三四年了，有一次偶然同他们外出游玩，惊讶地发现他们夫妻间的关系如此的和谐自然。与其说他们是夫妻，倒不如说他们是朋友，是心灵伴侣，是知己。他们不会介意对方在面前打嗝、放屁，睡觉时打呼噜，也不会在乎动作举止是否优雅。

相反，他们会一起“吐槽”生活中遇到的所有高兴的、不高兴的、不正经的所有事情。他们甚至还会一起去分析，这个新来的女同事是不是喜欢自己。

佛经里有一句话，“一切皆流，无物永驻。”

世间万物都在流逝，没有永远存在的物体，更没有永恒不变的人和物。

过去、现在、未来都是过去，现在的事马上又是过去了，因为时间流走了。未来，马上又是现在，又已至过去，一切都在流逝之中。没有物体停留在任何一刻，时间不能停留，万物不能不动，阴阳不可不运转。

既然如此，过分去关注外在那些可能转瞬即逝的眼光、评判，还不如索性坦荡全然地做一回自己。

乔布斯说过：你的时间有限，所以不要为别人而活，不要被教条所限，不要活在别人的观念里，不要让别人的意见左右自己内心的声音。

最重要的是，勇敢地去追随自己的心灵和直觉，只有自己的心灵和直觉才知道你自己的真实想法，其他的一切都是次要的。你是否已经厌倦了为别人而活？

不要犹豫，这是你的生活，你拥有绝对的自主权来决定如何生活，不要被其他人的所作所为所束缚。给自己一个培养自己创造力的机会，不要害怕，不要担心，过自己选择的生活，做自己的老板！

如果此时此刻的你，行走在世界的某一个不起眼的小角落，已经不会再为挤不进去的圈子而发愁；不再为旁人的一句“你太不合群”而烦心；不纠结跟别人意见不合，观点不同。

那么，恭喜你，你已经成功地走在不掩饰缺陷、不伪装完美、不假装说“我很好”、不违心出卖内心做自己的路上了，请果断地抛掉所有的负面情绪，并小小地骄傲一下。

因为，最好的生活状态，就是全情做你自己。

幸福的人总是心存火热爱人如己

前段时间，有个同事想要换部门，跑来跟我聊天。她跟我诉苦道，因为自己的专业原因和工作背景，转去其他部门受限制的可能性非常高，而内部变动机会她也不是很有把握，于是非常苦恼，跑来询问我的意见。

我首先问她对于这件事情她是否有下一步的打算，比如内部机会是不是尽了100%的力，是不是真的可以做到360° 无死角，如果不是，为什么不去做？同理也作用于外部。同事有些无奈，希望能有经验丰富、资深的人指点自己，内心非常焦虑但是毫无作为。

我当时瞬间就想起了很久之前一个前辈跟我说过的一句话，在职场上，没有人真的会关心你，把你的事情当回事，如果你自己都不操心，就没有人为你操心了。

事实证明确实如此，倘若你是一个刚刚开始工作的新人，对于一项技能尚未掌握，有一个指导者可以教你，他可能会教你一次、两次、三次，但是如果经历很多次的教导之后你还是没有学会、掌握，甚至都培养不出来独立思考的能力，那么他一定会选择放弃你的。

当然这种放弃并不是说你跟他就没关系了，而是你做成什么样，他都不管你了，而如果你真的做得特别差，那么对不起，一定会有人来替换你，你就会渐渐觉得他离你越来越远。

工作就是这样，有些时候甚至觉得很缺乏人情味。但是想来也对，人情本就不应该用在工作上，工作很多都是竞争，竞争的时候哪还顾得上什么情谊。所以对于同事，我的建议是，如果你觉得自己现在待得不舒服了，或者觉得目前做的事情无法让自己成长了，那么一定要主动地行动起来，从内部开始分析，是不是自己能力有短板、是不是对于业务的理解还有待加强，那些工作始终保持热情的人，他们能够热情起来的原因是什么？自己是不是可以效仿。

如果经历了一系列的判断之后，还是坚定地认定是外部环境阻碍和影响了自己的进一步发展，那么，不要有半点犹豫和迟疑，你需要做的事情是，开始行动。不要指望任何人会替你、帮你操心你自己的事情。

我以前有一个习惯，每次和朋友、同学聚会分别之后我都会发一条短信给她/他。原因很简单，我总觉得一次相聚、一次闲聊，甚至一次玩耍，在和他们相处的这段时间和经历里，我身心愉悦，甚至有的时候还颇有收获。

所以我发自内心地非常感谢他们，希望用一种文字方式表达他们带给我的这段快乐时光。我写信息的结构一定是总分总的结构，首先会总结一下这次相聚给我的直观感受，接着会罗列一下带给我这些感受的是哪些事情，比如去跟朋友看了个电影、去逛了一天商场、去国展看展览等。最后，我再会总结一遍我完整的感受。

收到我短信的人也并不是所有人都会回复很多内容给我，他们大多数回复的内容是“别客气”“下次约”，也有长篇大论回复我的。然后我心存感激地默默合上手机，觉得世界一下子就圆满了。

但是不知道从什么时候开始，我的这种习惯消失了。聚也好，散也罢，在我的意识中似乎成为一件非常普遍、常见的事情，没有什么必要大惊小怪，更不用长篇大论。甚至到了部门给过生日同事留言祝福时，我会发现我词穷了，真不知道该说什么好！

我再也不会在一次聚会之后给人发一封情感饱满的短信，甚至连聚会之前的邀约都恨不得简单到，“你好”“哪里”“几点”。

前几天有一个很多年没见过的大学同学来公司找我，我带她参观了一下公司，在公司食堂简单地吃了个便饭，当然我们一直在聊天，聊学校的事情和毕业之后的生活，非常开心。后来我们在地铁站分手，各自搭乘地铁回家。等我回到家后不久，竟然收到一条她发来的消息，长篇大论，就像当年我发给别人的信息一样，感谢我带她参观公司，告诉我她开心的心情，表示以后有机会再约。

那一瞬间我感触良多，不知道是我变了，还是世界变了。

社会学家鲍曼认为，我们现在所处的社会是“液态的”，是一个流动的世界，在这个社会里，没有什么东西是一成不变的，一切都处于不确定中。

最近和不止一个人聊天，探讨一个叫作“安全感”的字眼。有人问我，工作上频繁地变动会不会给你带来不安全感？在高速快行的世界，变幻莫测，一个单独的生命个体在这里存活，会不会没有安全感？一段没有领证的感情，没有契约的保障和法律的约束，会不会没有安全感？总之，林林总总，遍布各个地方各个年龄层，似乎关于安全感的探讨是大家恒久热衷的话题。

其实我觉得，用“流动的世界”的概念来理解“安全感”也是同样奏效的。世界是什么？世界的本源是物质。物质是什么？物质包括了我们所能看到、听到、想到的一些客观存在。那么人是客观存在吗？人是的。所以人也是物质，人也是世界，所以人也是流动的。那么作为人的感知之一——安全感，也是流动的。这样说的意思就是，安全感本身也会因为外界环境和内在体验而发生变化。

比如说，五年前的某天，我晚上八点之后在北京四环的街道上走，我会觉得很没有安全感。而现如今，哪怕是半夜十一二点，我的思维也不会触动有无安全感这种感觉。再比如，以前我觉得安全感是有人来保护我，在我需要的时候给我出谋划策，在我有困难的时候为我挺身而出；而现在，我觉得安全感是自己可以保护得了自己，我能为自己做的任何事情出谋划策，在我有困难的时候我能为自己甚至是我在乎的人挺身而出。

看，安全感本身也是善变的。所以你需要的，并不是拿着一个固定不变的态度和观念来保障自己。而是要在这个流动的世界中学会改变，因时因地而改变。哲学里面有一个理论叫作“二元论”，按照二元论的观点，我们的精神世界是独立的，那么外部世界对我们的影响仅仅在于感官体验。其余的精神体验都属于我们自己的心理活动。

我们可以做到的是在自己的精神世界里是无敌的，而一切体验归根到底都是精神体验。在内心世界里，我们自己能完全做主，安全感就由此产生了。

所以，切莫为外部的事物期期艾艾，质疑掂量你的幸福感。幸福感来源自身，请你心里火热，请你爱人如己。

万千宠爱又如何，有一个人懂你就够了

我认识一个叫 Joe 的漂亮女孩。

一直以来我认为美分两种，一种是生得天然、美得自在，恍若天仙下凡，让人如沐春风；还有一种就是粉黛胭脂、花枝招展，走起路来呼朋引伴，浑身上下总是迎面扑来浓重的香水味。

Joe 属于前者，她属于生来就美得曼妙可人的类型。从小到大，我一直仰视着她，因为她身边总是有不同的追求者，换了一波又一波。男生为了她打架，都在争做她的头号男友，为了给她送礼物饿肚子，为了获得请她看电影的名额死缠烂打，我们一直都很羡慕她，觉得她没有任何理由不幸福快乐。

但是奇怪的是，尽管有这么多前赴后继的追求者在身边，Joe 最后还是选择了一个相貌普通，甚至有点不太好看的男生结婚了。

婚礼当天，很多当年的同学出席，当然这其中，也有很多是当年追求、暗恋、和她恋爱过的人。大家觥筹交错，心里都在暗自揣测，怎么也没想到自己竟然输给了这么平凡的一个人。

那晚我们都喝多了，我乘着酒劲儿问了 Joe 这个问题，“为什么那么多的追求者，而你最后却选择了这么普通的他？”

没想到她却跟我说：“生得一副好皮囊，既是欢喜也是忧伤，也许在你们看来，我可能是世上非常幸福的女生了，但是在我看来，好看其实也是一种负担，我总是很焦虑，不知道有几个人不是奔着外表来的。

有几个真的懂我兴趣和爱好的，又有几个会包容我的全部，接受我的不完美，随着年华逝去、岁月流转还依然会爱我如初。一想到这里，我就会打怵，因为没有找到一个可以给我这样感觉的人，直到他的出现。”

那些外表如天仙美得出奇的人，有时，美对她们来说，更像是沉重的枷锁，有了它，他们辨别爱情时候，显得格外艰难，所以她们既是高高在上的，也是孤独寂寞的。

我喜欢王小波，在文字的世界里他就是风流倜傥的才子，在我心中无人能及。除了喜欢他的文字，我更喜欢他和李银河的那段爱情故事。

李银河说，在她和王小波的爱情中，小波更像是一个男版的“灰姑娘”，因为当时他们的结合，在世俗的认知里，并不是门当户对的。

然而，小波却是那样的有趣，深得她心，他们是互相欣赏和懂得彼此的。

否则小波也不会说出：“只希望你和我好，互不猜忌，也互不称誉，安如平日，你和我说话像对自己说话一样，我和你说话也像对自己说话一样。说吧，和我好吗？”这样的话。

曾经幻想过，被一群人追求、捧在手心的快感，想当然地以为有人喜爱，就证明自己美丽、可爱、大方。但是时过境迁，发现这终究还是一个流动的世界。

水是流动的，时间是流动的，宇宙是流动的，人亦如是。随着时间的变化、眼界的变化、平台的跃迁，那些曾经认为你美、你好、你高高在上的人可能会瞬间觉得你一文不值。所以犹如财富一般这些外在的东西，都是外界赋予你，但其实和你并没有那么深的关系。看得太重，伤得会更深。

都说孤独是放错了时间的灵魂，相互打着一场叫作彼此折磨的仗。最可怕的孤独，并不是你落单地被存放在了某一个落寞的角落，而是和一个并不懂你和了解你的人互相消磨彼此的青春。

前段时间看到这样一条新闻，曾经炙手可热的韩国女艺人李孝利，竟然选择了一个人气比她低好多倍、相貌比较一般的男人结婚，婚后两人选择隐居在深山。

想想曾经的她有多火——18 岁时，以 Fin.k.l 组合的队长身份出道；24 岁时，成为韩国年度热词；专辑单曲蝉联数周收听冠军，横扫各大颁奖典礼；连续两年在韩国艺人福布斯排行前十；在百度搜索她的名字，有 1 300 万条相关结果；她无论穿什么，戴都能成为流行和爆款。

在媒体的报道中，只要出现了“李孝利”三个字，就会在民众间引起一阵狂潮。因为她，还出现了“李孝利综合征”“孝利效应”等词。性感、漂亮、爽朗、有钱……她是一个集万千宠爱于一身的女人。

可是，2013 年，却传出李孝利要结婚的消息，跟一个和她差别有点大的男人结婚。这个男人叫李尚顺，是个创作型歌手，知名度一般；他被朋友取笑“长得丑”，而且生性害羞腼腆。

2013 年春天，李孝利在济州岛买地盖房。秋天，两人在这里举行了婚礼，选择了最朴素的生活方式。他们开荒种地，男耕女织。一起种菜园，如种黄豆、蔬菜，除杂草，他们自己打理果园和菜地，吃自己亲手种植的蔬菜和水果。

遇到收成好的时候，两人开着小货车去集市，摆个摊，售卖自家的蔬果。当自己种的大豆不到半小时就卖完了时，两人比拿了音乐大奖还开心。

李孝利说，“哥哥不食人间烟火，而我却只有钱。他能给我安定感，长得丑又怎么了，我觉得帅就好了。”他让她看到了不一样的世界。

他们约定，每年的结婚纪念日，穿着婚礼上的婚纱和燕尾服，在同一个地方一起拍照。未来，他们会渐渐变老，岁月会写在脸上，身体会慢慢发福变胖，可能会经历一些痛苦，心情也会变得麻木，但这些都是携手走过的见证。

多数时候，我们都是故步自封的，不愿跨出那一步，去做内心早就想做却迟迟不敢做的事。其实，给自己多一个机会，去对的地方，遇见对的人，做对的事情，开始对的生活，对一切额外的、附加的东西说不。

意向相通的人，总会走到一起，而这样的结合，坚如磐石，韧如蒲苇，是很难被摧毁的。爱情也如美酒，贪杯多了就会失了滋味，所以大可不必为眼前没有遇到那个对的人，没有人爱自己而发愁。

记住，万千宠爱又如何，有一个人懂你就够了。

凑合得过是对活着最大的不尊重

早上收到一条留言，大概内容是这样的：

“舒文你好，我现在工作 4 年了，税前收入有 2 万元，税后就只有一万多了，作为 27 岁的女生，无车无房，还没有男朋友，就这样在外面飘着。生活好像过成了习惯，并不觉得缺少什么，工作也是正常的状态，感觉一切刚刚好。你说说，我这辈子是不是就这个样子了？”

生活一直不是你想要的样子，但对于现状你却无力改变，于是慢慢将现状过成了习惯，然后把习惯变成了生活，将刚刚好奉为经典，再将这经典上升到神圣。

这种觉得一切刚刚好就是生活本源的感觉，我也曾有过，而且就在几个月前。每当早晨醒来时，我脑海中的第一反应，并不是，多好啊，我还活着。而是，多糟糕啊，又要起来工作、吃饭、回家，循环往复。

我想要的离我还是那么遥远，不想要的天天都在骚扰和烦扰我，我左右不了什么，而外界也不会因为我左右不了而少点什么，反正一切不多不少，似乎刚刚好。

所以那段时间，我极其讨厌醒来。我甚至幼稚地想过，就这么迷迷糊糊地躺着吧，这样，我不想面对的就不用面对了，不想做的就不用做了。我不用为我没有的东西感到头痛，也不会为无能为力的事情感到懊恼。没有意识，就没有得失心，没有得失心，于是也就没有不快乐。

然而，就算我想让自己这么睡下去，不设闹钟，把窗帘拉上，让房间黑成夜晚的样子，我还是会醒来。而我醒来的第一反应，还是在数落我所没有的和我做不到的，于是我曾疑惑，刚刚好，不多不少，难道生活就一直是这个样子了？

那段时间，碰巧有句话经常出现在我的视野中：

“有些人，死于 25 岁，却在 75 岁被埋葬。”这种时间的绝对流动和相对静止，是一件非常可怕的事情。

就好比，虽然你每天都在起床、吃饭、乘车，往返于上班和回家的途中，有钱拿有饭吃，你在做功，生活刚好。

但是，本质上，你并没有改变任何事情。工作和琐事在消耗你，而你在消耗食物，食物又再去消耗别的东西，早上醒来你在床上，晚上回来你还在床上。

除了你自己记得，你今天出了门，打了卡，跟同事打了招呼以外，并没有任何人记得，你的存在就好像吸进去又被呼出来的空气一样，没有任何意义。

为此，我还写了一篇小说，叫作《时间停止列车》，收在我那本小说集子《没有人告诉你时间是银的》里面。

讲述的是一个时间相对停止的故事，用它去表达一种对生活的无力感和对现状无突破一切刚刚好的无奈。

我喜欢村上春树的一个原因是，他的文字里充满了对人生和世道的隐喻。他说，没有固定模式，人就活不下去，就像音乐里的主题一样。但它同时也钳制人的思考和行动，制约自由，重组优先顺序，有时还会歪曲逻辑。

这种东西就好比，你习惯性地认为不管做什么事情，保证最小风险是你的固有模式。那么当你面前摆着一个回报极高的投机机会时，你很有可能会错失，因为你习惯性地认为保证安全是你的第一要义，于是不断地去强化它，直到形成了条件反射，对于任何投机冒险的事情，哪怕收益再好，哪怕你潜意识里再有兴趣，你也会说不。

这就是固有模式的可怕，它会慢慢让你认为习惯了的东西就是无害的。长期把一个人置于一种不上不下刚刚好的状态，他是会退化的。人是适应能力极强的动物，一个无论从旁观者眼光看多么荒谬的状态，总有人能在里面待得怡然自得。

在我小时候，最害怕的一件事情是父母离婚，因为我觉得如果一旦这样的事情发生，我生活的稳定感就会被打破。有人经常说，家是你避风的港湾，其实它不是诗，它是事实。这个事实背后的本质在于，家是一个最原生伴随着你存在的稳定态，在这种稳定态中，你可以相对安心地释放自己。

而从这之后，人会不断地为自己寻找和构建稳定态。比如，在和平沟通和敌对谈判之间，大多数人会优先选择前者，不到万不得已不会选择后者。

因为敌对是一种冲突的状态，冲突会消耗能量，从而打破平衡。人天性是懒惰的，谁都一样。比如在家里，几步路可以够到的东西，只要家里有人，你可能还是会倾向于唤一句："妈，帮我拿一下……"

然而，所有让你舒适、安全、刚刚好的东西，从另外一个角度讲，都是对你逆向作用的。躺在床上一定比站在地上舒服，但是长期躺着，你会退化；吃肉吃甜食肯定比吃粗粮舒服，但是长期摄入这些，一定会有各种健康问题找到你；再比如，在一个彼此心照不宣，老好人成群的团队中工作，一定会比在一个“如狼似虎”的团队中工作舒服，但是长期在这样的氛围中做事，你的锐度一定会大大降低，出去了毫无疑问就会成为“猎物”。

但是并不是所有让你舒服、安全的事情，都会快速地让你感受它的副作用。最简单的一个例子就是，当你依赖上另一个人，你的自理能力会大大降低。原先一个人的时候，换灯泡、修马桶、安桌子，可能你样样在行；而当你恋爱了，把一个人的日子过成了两个人的日子后，慢慢会找肩膀依靠，你自然而然就会忘记自己原来还会换灯泡。

但这种变化，你一时半会儿并不能发现，甚至就算你发现了，你也不会觉得它有什么大不了。直到有一天，你不得不再次一个人面临棘手的问题而孤立无援时，才会发现自己倒退了三十年，这就是刚刚好思维最可怕的地方。

回过头来说早上收到的那个留言。

Alex 是我瑜伽课的老师，今年 32 岁。但是我第一眼看到她时，毫不犹豫地认为她是我的同龄人，也是个“90 后”。她气色极其好，身材也保持得很匀称，走路和讲话时刻都透出一种，她活得很精彩的感觉。

如果说，如沐春风是一个人能从外界获得的最高评价，那么她给我带来的感受，就是这样了。

我有一个特点，就是对于发自内心佩服和喜欢的人，会毫无距离感，自然就熟络起来。所以我和 Alex 在几次课间交流后，很快成为朋友。

她会邀请我去她家里做客，有时候我们也会相约出来，喝个下午茶或者去单向街书店坐一坐。Alex 家里养了一只猫，叫大白，是她捡回来的。虽然是捡的，但是在 Alex 精心地照顾下，小猫毛色健康，体态雍容，走起路来格外傲气潇洒。

Alex 家里收藏了各种经典唱片，一把 Gibson 吉他，一个手磨咖啡机，几株植物。阳台放着一个惬意的沙发，她经常坐在沙发上读书。看到这里，你可能认为 Alex 是一个收入很高、生活惬意、搞文化的文艺女青年吧。

但其实不是，她以前是一个开发工程师。每天对着一排排代码、程序不断地消磨她的时光。她当时也有着还算稳定的收入，虽然买不起房，但是好点的护肤品、衣服她是可以消费得起的。

她也曾以为，这样的生活，就是生活本身了，就像父母常言教育的那样，平平淡淡才是真。直到有一天早上，她出门时亲眼看见了一起交通事故。

她突然意识到，生命其实是特别短暂脆弱的。当你还在为是否要顺从内心做自己渴望已久但是又不敢去做的事情发愁时，当你还在为打破现状还是维持现状挣扎时，这个世界的任何一端，都可能正在上演着各种惊心动魄的事情，生命随时可能在瞬间化为灰烬。

所以回去后她就把工作辞了，把所有的存款取出来开了这家瑜伽馆，经营至今。

虽然生活会有新的压力和烦心事，但是至少她对每一天都是充满期待的。因为一个人做她觉得有价值和有存在感的事情，她每天为此投入时间和精力，心态和事情本身都是在发生变化的，而这种变化，是可以被外界捕捉和察觉到的，这就是用心做事和用力做事的最大区别。

小的时候，会把好和不好分得特别清楚，对于值得期待的，就总觉得是好的。所以当父母不断鼓励说，等你长大了，就可以这样、那样的时候，是一种发自内心的相信和渴望。

而人慢慢长大，懂的事情越来越多，阅历也越来越多，然后你就会发现，日子其实是，你用眼下忍受的痛苦、折磨和不安，企图去换来以后的快乐、舒适和平稳，且这个过程是循环往复的。当你得到了原先期待和渴望的东西，就好比你上了一个平台之后，你会去期待和渴望下一个平台，于是，内心里的不安和挣扎始终存在。

无力感，是会腐蚀人的意志的。长此以往，你便会默许那些本不该存在的事情，并纵容它们成为常态，最后习以为常地认为守住已有的，放掉无力的就是刚刚好，并让它变成你生活的固有存在，甚至发生意义。

然而生命意义却在这所谓的刚刚好下被消磨殆尽，最后毫无痕迹，你成功地变成了原本你最讨厌的那类人，讲出他们最爱说的那些话，用它陶冶自己，用它教化他人，于是这种刚刚好的人生态度便成为你思维的固有模式，容不得侵蚀和挑战，指引着你未来生活的每一方寸。

正如康德所说，越是处心积虑地想得到生活上的舒适和幸福，那么这个人就越是得不到真正的满足。

真正的稳定和安全绝不是停滞不前和相对安全，而是同这个变化的世界一起改变、一起成长。

低质量的社交不如高质量的独处

某个星期六早晨，我从床上醒来，脑子里突然蹦出来一个词——孤独。

之前在网上看到有人在问，一个人去吃一次火锅会是什么体验，该是多么孤独？

火锅我倒是没有一个人吃过，不过我曾经一个人去饭店点了一锅水煮鱼，三个人吃的分量，还配搭了一些小菜，一共花了 248 元。

记得当时去这个饭店里吃饭的人都是三五成群，唯独我独自一人，自成一桌，面前摆了偌大一锅鱼，周围还点缀着凉拌木耳、炸花生米和一扎酸梅汤。

下单的时候，服务员略带惊诧地问：两斤鲇鱼？

我想了想，果断地回答说：鲇鱼吃屎，价格差不多，换草鱼吧！

然后她带着一脸疑问下单去了。后来我才明白过来，她其实不是在提示我鲇鱼是吃屎的，应该换草鱼，而是惊诧于我一个人要吃这么大一锅鱼。

尽管刻意压制和伪装，但她的眼神还是出卖了她的心。我想要是她的老板知道了的话是不会太乐意的。

不光吃鱼，我还一个人去电影院看过电影。

没有任何原因，那天上完课，走到海淀黄庄电影院，突然生发出一种强烈的欲望，我想去看场电影，最好是能让人捧腹笑一把的那种。

然后我就去了。

在上映的片子中过滤了一下，选了《小时代 3》。进场观影的多是情侣，也有朋友、同学，总之都是几个人有说有笑地落座，唯独我像一颗外来星球，端坐在那里，但我并没有觉得孤独。我笑得很开心。

关于孤独，有人说，去做本应该一群人做的事情，就是一种孤独。比如你被迫一个人上自习、一个人去吃饭、一个人看电影。

也有人说，孤独并不一定是指物理意义上一个人，有时哪怕你身处人群中间，或者在你爱人身边，你依然会觉得无比孤独。

之前有一个长期异地恋的朋友说起过，和自己的恋人几个月没见，好不容易相聚，当她洗完碗准备跟他好好说说话时，发现他竟然自顾自地刷起了手机。

这倒让我想起理查德在《十一种孤独》中说过，我想所谓的孤独，就是你面对的那个人，他的情绪和你的情绪，不在同一个频率。

其实，人生下来就是孤独的。

人，孑然一身来到世界，去寻找另外一个人，用柏拉图《会饮篇》中比喻，每个人都是一个半人，生来寻找原本整体被分割出去的另一半，当我们找到的是另一个人，就变成了俩，这个过程你会经历很多的事，扮演很多角色，认识更多人，于是和他们在一起，你变成了众。

但是除去外界，你还是你，一个人，并没有变。

曾经读《小王子》，里面讲道，小王子住在那一颗比一间房子大不了多少的行星上——B–612，孤独伤心的那天，一个人看了四十四次日落。

他后来独自走访了几个星球，那些星球上有孤独的国王、自负的人，每一个人都是独自待在属于自己的星球上的。

一个人孤独得像一个星球，那该是多么强大的孤独啊。

就像刘瑜说的，我很孤独，孤独得像一颗星球。一个人出门，一个人回家，一个人买东西，一个人做饭，一个人醒来，一个人睡着。生活可以多么健康，但不知怎么，我就是一个人。

星球就意味着自给自足，你在你的世界里可以满足和提供自己需要的所有东西，不与外界交流也可以正常存活。

不禁感叹，刘瑜说得真好，一个人就是一个星球。

当然，不是所有人都能够像刘瑜这样如此淡然地应对孤独，否则我想她也说不出来“适应孤独，就像去适应一种顽疾”这样的话。

最近偶然看到有人探讨，下班之后的生活会在很大程度上决定你之后的人生走向。

对于普通上班族来说，工作时难免置身于众，不管是否精神相吸，思维在一个频道上，总之你在物理意义上不是一个人，和别人在同一饭点一起买饭，定期聚在一起开个会汇报个工作，时不时再讨论个问题，头脑风暴一下。

种种迹象表明，你在以上情况下都不是一个人，因而不能算作完全意义上的孤独。

而下班之后，比如周末的时间，就是你物理意义上的单独相处了。这时有人就会迷惘，受不了这种寂寞到可以听到自己心跳的感觉，于是不免想把空余的时间填满各种事情，甚至会把档期排到下下个月。

很多人为了避免这种孤独感，想尽办法去填补精神上的空隙。所以会有人下了班约人吃饭逛街看电影……但其实物极必反，有时越是为了逃避一种状态把自己置身于另一种与之对立的状态下时，原本那种恐慌感愈加挥之不去。

就像寂寞的狂欢，每个人自说自话自导自演，聒噪地试图掩盖内心的慌张和寂寞，反而愈演愈烈更加孤独。

当然，有人在逃避孤独，就有人在适应和接纳孤独。

这样的人，觉得孤独是一种常态，认为孤独并不可怕也无所谓，于是用下了班的时间独处给自己充电，比如学一门新手艺，看一本书，进修一门语言，去琢磨如何写出一段扣人心弦的对白。

叔本华有句话是这么说的，要么孤独，要么庸俗。

说得好决裂啊，就像是说，不孤独的人都是庸俗的，要想不庸俗，你就必须要孤独起来。其实想想，似乎也有道理。

一个人独处起来浓度才最大，而浓度最大，你才有足够的能力去全面认识世界和剖析自己。

《月亮与六便士》中有这样一段话：

我们每个人生在世界上都是孤独的。每个人都被囚禁在一座铁塔里，只能靠一些符号同别人传达自己的思想；而这些符号并没有共同的价值，因此它们的意义是模糊的、不确定的。我们非常可怜地想把自己心中的财富传送给别人，但是他们却没有接受这些财富的能力。因此我们只能孤独地行走，尽管身体相互依傍却并不在一起，既不了解别人也不能为别人所了解。

听着有些伤感，似乎每个人注定是要绝世孤独了，但确实是这样，所以才有村上春树说的，哪里会有人喜欢孤独，不过是不喜欢失望罢了。

既然每个人注定孤独，倒不如孤独地有意义一点，自成一派，自给自足，孤独成一颗星球。

就像 Eason 唱的那样，像一个孤独患者自我拉扯吧。

你该不该放弃，不是从别人那里问来的

柏拉图说，人生最遗憾的，莫过于轻易地放弃了不该放弃的，固执地坚持了不该坚持的。

随着年龄增长、身份叠加，拥有的东西会越来越多，他们不分好坏、可有可无，但正是因为拥有的越来越多，生活的负担也越来越重，做决定也越来越困难，似乎每一个关头的取舍都是牵一发而动全身的，所以挥之即去的勇气也就越来越少了。

人是很奇怪的，对于一些无足轻重的事情会毫不犹疑地选择自我做决定，比如今天早上要吃生煎的还是烧饼，穿雪地靴还是皮靴；而一些关乎自己未来前景，关乎生命重要拐点的事情，却是选择毫不犹豫地询问他人……

但你可知，该不该放弃的问题，从来都不是从别人那里问来的。

记得有次下班回家的路上，一个朋友给我打电话，说晚上回去有重要的事情请教我，是关于她的幸福和人生方向的，这句话着实吓坏我了，一时间我想不出是什么样重要的问题硬要在今天解决，而且还是询问我来确定。

事实上这已经不是这个朋友第一次以这种理由找我共商大事了。她跟恋人在一起兜兜转转七年，感情经历各种事情的化学反应发生相应的变化，慢慢地，感情升华成了一种亲情。他们在思想上没有共鸣，在兴趣爱好上没有共同点，甚至连日常生活的习惯也相差甚远，但是分开就是说不出口。

她找我聊了很多次，每次都是以幽怨的叹息开始，以幽怨的叹息结束。而每次她来，都会对我说，“舒文，你快跟我说说，我到底应不应该跟他分开。”

随后，还没等我开口，她就已经开始自说自话，“说分开呢，你看已经有这么长久的感情基础在那里了，而且，父母年纪也大了，我怕他们接受不了这么大的刺激……可是，说不分开呢，你知道吗，我觉得日子过得跟白开水泡饭似的，一点激情都没有。我每天晚上一想到，这一辈子就只能这样过活了，崩溃到马上就想一走了之。”

然后紧接着一阵叹气，开始数落日常和她恋人相处的各种不舒服和不喜欢的细节。

对于这种情况，我一般是不会给出一个明确的建议的。因为是否要继续跟一个人生活，是一件非常私人的事情，而真正的答案，并不是在别人那里获取，而是从自己这里获取。

换句话说，如果我真的对这个朋友说，好了，你别讲了，你赶快分吧，你这样跟他在一起太痛苦了。你认为我的朋友会听取我的建议跟她的恋人就这样分开吗?

我相信是不会的。就算我给出的理由是如何的站得住脚，她依然会继续迟疑，继续疑惑她该怎么办。

很多时候，人总喜欢避重就轻，顾左右而言他，心里或许已经有答案，只是没有勇气面对，于是拿一大堆现象找别人诉说，寻求解决，只不过是想从别人口中得到自己想听到的答案罢了。

我在读书的时候，有一个神奇的名单，上面列着跟我关系亲疏的所有同学、朋友的名字。而我列这个名单的原因在于，每当有重大的事情我下不了决心时，或者左右迟疑的时候，我都会按照名单上面列举的名字一一找他们询问意见。

记得大一那年参加一个英语演讲比赛，初赛时因为自己对演讲稿有充分的准备，加之背好稿子本身也不是太难的一件事情，所以我还算顺利，一路挺进决赛。

但决赛前夕，我才得知在比赛最后会有一个问答环节，评委会根据喜好用英文询问各种问题，话题非常宽泛无法预料，而且最后的决赛是在小礼堂举行，全校师生都会参加，我就犹豫了。

瞬间脑补出了礼堂人山人海的样子，我被问到哑口无言的情景。我害怕了，想放弃。但是又觉得很不甘心，前前后后准备了那么久，而且内心还是希望能够在比赛中取得一个名次的，甚至曾不断想，要是决赛环节没有自由问答该多好。

我不知道怎么办，所以选择向我身边的朋友求助。我在名单上找到了一个平时最要好，也是我最信任的一个朋友。我给她打电话，跟她诉说我内心的犹豫。

我说要是这个比赛没有最后的自由问答环节该多好。我还说，要是多给我几个月时间准备，这个即兴问答也没什么大问题，可是还有短短一星期就要决赛了。

我这么无厘头地诉苦了半个多小时，然后开始满怀期待她能给我指明一条道路。我期待她说出一个建议来，这个建议刚好可以让我接着回答，你真懂我，你就是明白我想要什么，能够给出我这么好的建议。

但她却什么都没说,她只问了我一个问题,是否放弃这个比赛,对于你来说，得失到底在哪里？对这两种选择，你害怕的点分别在哪里？然后再把这两个点对比一下二选一，看舍掉哪个自己不会死掉。就这样，她匆匆挂掉了电话。

我仔细想了一下。放弃这个比赛，我觉得可惜，觉得不甘心，认为自己作为跨专业选手好不容易挺进决赛，就这样与名次失之交臂，我觉得接受不了。这种感觉就好比，一个东西原本已经写上了你的名字，而突然又说不能送给你了。这是我无法接受的。

而不放弃比赛，进一步争取，我却很担心，因为自己基础的问题和准备时间的仓促，没法在比赛中很好地表现，怕丢脸，怕出糗，怕失败了被打击到再也站不起来。

然后我按照她说的将两个害怕的点对比了一下，一个是不甘心，一个是怕丢脸，似乎两个都不足以让一个人死掉。

我们在做一些决定的时候，尤其是非此即彼，要做出选择，要做出放弃的时候，更喜欢选择逃避问题，也总喜欢找一些看似资深有阅历的人寻求建议和意见。等待着他们给出有共鸣感的决断，等待着他们说出一句话，刚好戳中心里要害。

假如我觉得不甘心更重要，想要坚持，而她恰好也说出“我觉得你应该战胜恐惧好好参加这个比赛”，我一定会忍不住拉起她的手转几圈，说一句“你太懂我了，你给的意见太好了，那我就这么办”。

而如果她给出的跟我想要的不一样，我可能会叹着气，再一次在心里重复一遍放弃和不放弃对我来说有哪些好和不好，然后就循环往复地絮叨这个问题。

其实很多时候，那些你认为很懂你的人，只是碰巧讲出了你心里所想，从而使你多了一份勇气去做一件事情而已。其实真正的答案永远在你的心里，只是你没有勇气拿出来，并且遵循它的意见来做事情罢了。

我跟一个朋友去超市买东西，在选牛奶的时候，一旁的服务员迎上来，说购买某品牌的牛奶达到多少金额之后，可以额外赠送一些小礼品。于是朋友果断改变了原来的计划，在原本不需要的情况下，额外多购买了一大堆牛奶，然后她如愿地拿到了小礼品。

但回到家没多久，她就把小礼品丢到一边了，那看上去似乎对她并没有多大用处。然后我就好奇地问她："既然觉得并没有多大的用处，为什么当时还那么拼命地抢呢？"

她回答我说："不知道，可能觉得它应该属于我吧，哪怕其实并不是那么喜欢。但是人不就是这样吗，得到了的或者本应该得到的，就很难有勇气说不要。"

你是这样吗？

面对关乎利益的重大选择时，都会害怕失去，左顾右盼，没有勇气遵循自己内心的声音果断地做出了断，而通常愿意选择从别人那里获取建议，希望从别人口中听到自己想听到的话，然后再不断强化原有意识。

可是久而久之，问题根本没有得到解决，只是不断拖延、逃避罢了。关于需要用勇气解决的问题，答案永远都来自于自身，切勿用道德绑架，让别人来强化你想要的答案。